首都圏版⑭　使いやすい！教えやすい！家庭学習に最適の問題集！

聖心女子学院 初等科

2021年度版 過去問題集

〈問題集の効果的な使い方〉

①お子さまの学習を始める前に、まずは保護者の方が「入試問題」の傾向や、どの程度難しいか把握します。もちろん、すべての「学習のポイント」にも目を通してください

②各分野の学習を先に行い、基礎学力を養いましょう！

③「力が付いてきたら」と思ったら「過去問題」にチャレンジ！

④お子さまの得意・苦手がわかったら、その分野の学習をすすめ、全体的なレベルアップを図りましょう！

合格のための問題集

聖心女子学院初等科

推理	Ｊｒ・ウォッチャー６「系列」、50「観覧車」
推理	Ｊｒ・ウォッチャー33「シーソー」
常識	Ｊｒ・ウォッチャー12「日常生活」
巧緻性	Ｊｒ・ウォッチャー51「運筆①」、52「運筆②」
行動観察	新ノンペーパーテスト問題集

全40問

昨年度実施の過去問題 ＋ それ以前の特徴的な問題 を収録!!

日本学習図書（ニチガク）

ニチガクの
家庭学習支援
Web学習サポートサービス

こんなこと…ありませんか？

「ニチガクの問題集…買ったはいいけど、、、
この問題の教え方がわからない（汗）」

メールでお悩み解決します！

☆ ホームページ内の専用フォームで必要事項を入力！

☆ 教え方に困っているニチガクの問題を教えてください！

☆ 確認終了後、具体的な指導方法をメールでご返信！

☆ 全国どこでも！ スマホでも！ ぜひご活用ください！

＜質問回答例＞

学習のポイント

推理分野の学習では、後の学習に活きる思考力を養うことができます。ご家庭で指導する場合にも、テクニックにたよらず、保護者の方が先に基本的な考え方を理解した上で、お子さまによく考えさせることを大切にして指導してください。

Q.「お子さまによく考えさせることを大切にして指導してください」と学習のポイントにありますが、考える習慣をつけさせるためには、具体的にどのようにしたらいいですか？

A. お子さまが考える時間を持てるように、質問の仕方と、タイミングに工夫をしてみてください。
たとえば、「答えはあっているけど、どうやってその答えを見つけたの」「答えは○○なんだけど、どうしてだと思う？」という感じです。はじめのうちは、「必ず 30 秒考えてから手を動かす」などのルールを決める方法もおすすめです。

まずは、ホームページへアクセスしてください!!

http://www.nichigaku.jp　日本学習図書　検索

目指せ！合格！ 家庭学習ガイド
聖心女子学院初等科

ペーパー　運動　行動観察　絵画　親子面接

入試情報

応募者数：女子 418 名
出題形態：ペーパー、ノンペーパー
面　　接：保護者・志願者面接
出題領域：ペーパー（お話の記憶、推理、常識、図形、数量、言語）、運動、行動観察（絵画）

入試対策

当校のペーパーテストは、「お話の記憶」「推理」「常識」「図形」「数量」「言語」と、幅広く出題されています。複雑で高い思考力を必要とする難問が頻出していた頃に比べれば、ここ数年で取り組みやすい内容になっている印象を受けます。しかし、考えさせるというねらいに変化はなく、推理（系列）を中心に難問と呼べる問題が出題されることがあります。また、そのほかの分野の問題でも、簡単なように見えて、ひとひねりある設問（問題形式）が多く見られます。全体として一筋縄ではいかない試験と言えるので、油断せず、細やかな対策をとっておいた方がよいでしょう。行動観察では、数名のグループで制作（本年度は絵画）の課題に取り組みます。指示を守り、協調性をもって行動するのはもちろんですが、待機時間の姿勢など見過ごされがちな点も観察の対象となっています。

- ●ペーパーテストでは、以前ほどではありませんが、難問が出題されることがあります。
- ●中でも「推理」の問題は重点的に取り組んでください。推理分野の観覧車をアレンジした、回転系列の問題は高い思考力を求められます。
- ●行動観察としての課題もありますが、当校では「試験全体が行動観察」と言えます。長時間緊張感を保つのは、お子さまとって難しいことかもしれませんが、そうしたことを意識して行動できるかが大きなポイント言えるでしょう。

必要とされる力 ベスト6

チャートで早わかり！

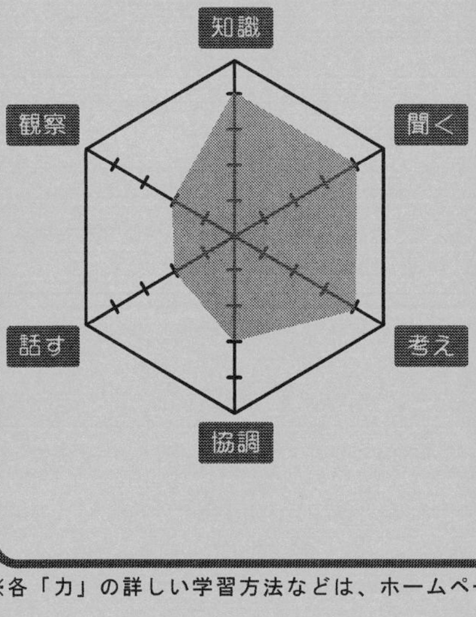

特に求められた力を集計し、左図にまとめました。
下図は各アイコンの説明です。

	アイコンの説明
集中	集　中　力…他のことに惑わされず１つのことに注意を向けて取り組む力
観察	観　察　力…２つのものの違いや詳細な部分に気付く力
聞く	聞　く　力…複雑な指示や長いお話を理解する力
考え	考える力…「～だから～だ」という思考ができる力
話す	話　す　力…自分の意志を伝え、人の意図を理解する力
語彙	語　彙　力…年齢相応の言葉を知っている力
創造	創　造　力…表現する力
公衆	公衆道徳…公衆場面におけるマナー、生活知識
知識	知　　識…動植物、季節、一般常識の知識
協調	協　調　性…集団行動の中で、積極的かつ他人を思いやって行動する力

※各「力」の詳しい学習方法などは、ホームページに掲載してありますのでご覧ください。http://www.nichigaku.jp

「聖心女子学院初等科」について

〈合格のためのアドバイス〉

当校は4－4－4制の12年一貫教育を行なっています。そのため中高での募集は基本的には行われず、聖心女子学院に入学するためには、小学校受験がほぼ唯一の機会となっています。かなりの高倍率になるので、しっかりとしたの準備と対策が必要です。

当校の求める子ども像として、「健康で子どもらしさを持った子ども」「自分で身の回りのことができる」「素直に話が聞ける」「集中力と根気が大切」「友だちを大切にする気持ち」「わがままを我慢できる」などが挙げられています。入学試験は、これらの観点から実施されていると言えるでしょう。

2020年度の入学試験では、ペーパーテスト、運動テスト、行動観察、保護者・志願者面接が行われました。

運動テストでは模倣体操、**行動観察**では集団制作などが行われますが、いずれもお子さまが「きちんと指示を聞き、それを実行できるか」ということが観点となっています。また、「静かに待っていてください」「お行儀よく待っていてください」といった、課題とは直接関係のない指示もあります。そうした指示もしっかり守るようにしてください。

ペーパーテストは、推理と常識を中心に幅広い分野から出題されています。難問が出題されることも多いので、過去問を読み込んで、しっかりと対策をとる必要があります。

保護者・志願者面接は、親子3人と先生2人が向き合う形で着席して行われます。保護者に対しては一般的な質問が多いですが、志願者には口頭試問のような質問もあるので、お子さまが自分で考え、それをを言葉することが求められます。親子3人で相談して答える質問もあります（回答するのは志願者）。親子関係を観るための質問と考えられるので、ふだんからコミュニケーションをしっかりとって、自然に対応できるようにしておきましょう。

〈2020年度選考〉

◆ペーパーテスト
◆運動テスト
◆行動観察（絵画）
◆親子面接

◇過去の応募状況

2020年度	女子	418名
2019年度	女子	418名
2018年度	女子	453名

入試のチェックポイント

◇受験番号の順番…「非公表」
◇生まれ月の考慮…「非公表」

〈本書掲載分以外の過去問題〉

◆数量：椅子が4脚あります。9人が座るためには、あと何脚必要か。［2015年度］
◆推理：すごろくで、何回目でカタツムリにバッタが追いつくか。［2015年度］
◆推理：同じくだものの組み合わせを記号に置き換える。［2015年度］
◆図形：三角プレートで見本の形を作る。［2015年度］
◆言語：同じ音の絵を線で結ぶ。［2015年度］
◆巧緻性：風呂敷を結んで帽子を作る。［2015年度］

(得) 先輩ママたちの声！

◆実際に受験をされた方からのアドバイスです。
是非参考にしてください。

聖心女子学院初等科

・ペーパーでは過去問をしっかりやりました。行動観察も重要なので、幼児教室などで、集団行動を経験しておくことも重要だと思います。

・体育館集合でしたが、受付後、子どもはすぐ試験会場に連れて行かれます。トイレなどは、受付前にすませておくとよいと思います。

・面接は待ち時間が長いので、子どもが飽きないようにあやとりや折り紙などを持っていくとよいと思います。

・面接や試験を通し、家庭での教育方針について重視している感じがしました。

・面接は、４～６組ずつに分かれて個別に行われました。親子同室での面接でした。

・学校周辺や学校内は坂が多く、予想以上に移動時間がかかります。あらかじめ時間に余裕を持って行動した方がよさそうです。

・面接中、母親には「最近、お子さまの『偉い』と感じられたところをほめてあげてください」という質問がありました。父親には、家事に対する関わり方や意識を問う質問がなされました。いずれも家族との関係について深いところまで観察されていると感じました。

聖心女子学院初等科

過去問題集

〈はじめに〉

現在、少子化が叫ばれているにもかかわらず、私立・国立小学校の入学試験には一定の応募者があります。入試は、ただやみくもに学習するだけでは成果を得ることはできません。志望校の過去における出題傾向を研究・把握した上で、練習を進めていくこと、その上で試験までに志願者の不得意分野を克服していくことが必須条件です。そこで、本問題集は小学校を受験される方々に、志望校の出題傾向をより詳しく知って頂くために、過去に遡り出題頻度の高い問題を結集いたしました。最新のデータを含む精選された過去問題集で実力をお付けください。

また、志望校の選択には弊社発行の「2021年度版　首都圏・東日本　国立・私立小学校　進学のてびき」をぜひ参考になさってください。

〈本書ご使用方法〉

◆出題者は出題前に一度問題を通読し、出題内容などを把握した上で、〈　準　備　〉の欄に表記してあるものを用意してから始めてください。
◆お子さまに絵の頁を渡し、出題者が問題文を読む形式で出題してください。問題を読んだ後で、絵の頁を渡す問題もありますのでご注意ください。
◆「分野」は、問題の分野を表しています。弊社の問題集の分野に対応していますので、復習の際の目安にお役立てください。
◆問題番号右端のアイコンは、各問題に必要な力を表しています。詳しくは、アドバイス頁（ピンク色の１枚目下部）をご覧ください。
◆一部の描画や工作、常識等の問題については、解答が省略されているものがあります。お子さまの答えが成り立つか、出題者が各自でご判断ください。
◆〈　時　間　〉につきましては、目安とお考えください。
◆解答右端の［〇年度］は、問題の出題年度です。［2020年度］は、「2019年の秋から冬にかけて行われた2020年度入学志望者向けの考査で出題された問題」という意味です。
◆学習のポイントは、指導の際にご参考にしてください。
◆【おすすめ問題集】は各問題の基礎力養成や実力アップにご使用ください。

〈本書ご使用にあたっての注意点〉

◆文中に この問題の絵は縦に使用してください。 と記載してある問題の絵は縦にしてお使いください。
◆〈　準　備　〉の欄で、クレヨンと表記してある場合は12色程度のものを、画用紙と表記してある場合は白い画用紙をご用意ください。
◆文中に この問題の絵はありません。 と記載してある問題には絵の頁がありませんので、ご注意ください。なお、問題の絵の右上にある番号が連番でなくても、中央下の頁番号が連番の場合は落丁ではありません。
下記一覧表の●が付いている問題は絵がありません。

問題1	問題2	問題3	問題4	問題5	問題6	問題7	問題8	問題9	問題10
									●
問題11	問題12	問題13	問題14	問題15	問題16	問題17	問題18	問題19	問題20
	●						●		
問題21	問題22	問題23	問題24	問題25	問題26	問題27	問題28	問題29	問題30
		●						●	
問題31	問題32	問題33	問題34	問題35	問題36	問題37	問題38	問題39	問題40
	●								●

〈聖心女子学院初等科〉

◎学習効果を上げるため、前掲の「家庭学習ガイド」及び「合格のためのアドバイス」をお読みになり、各校が実施する入試の出題傾向を、よく把握した上で問題に取り組んでください。
※冒頭の「本書ご使用方法」「本書ご使用にあたっての注意点」も併せてご覧ください。

2020年度の最新問題

問題1　分野：お話の記憶　聞く　集中

〈準備〉　クーピーペン（青、赤）、鉛筆

〈問題〉　これからするお話をよく聞いて、後の質問に答えてください。

森にはたくさんの生きものが暮らしています。今、森の葉っぱは、赤、黄色、茶色など、さまざまな色になっていて、とてもきれいです。森で暮らしている、クマさんとリスさんはとっても仲良しです。クマさんは力持ちで、リスさんはやさしく、２人はお互いのそんなところが大好きです。リスさんは、森の奥に住んでいる、おじいさんとおばあさんのことが気になっています。「もうすぐ冬になるから食べものを持っていってあげようと思うんだ」と言うと、クマさんは「何か手伝えることはあるかな」と言ってくれました。リスさんは「ありがとう。じゃあ２人でドングリを拾って届けてあげよう」と言い、おじいさんとおばあさんの家にドングリを届けることになりました。
リスさんは家に帰って、そのことをお母さんに伝えると「きっと喜んでくれるわ。でも、日が沈むと森は真っ暗になってしまうので、それまでには帰ってくるのよ」と約束をしました。
次の日、クマさんとリスさんは森に向かいました。ドングリをリュックいっぱい拾って森の奥に向かって歩いていると、泣いているウサギさんに出会いました。「どうしたの」とリスさんが聞くと、「転んで足を怪我しちゃったんだ」と言ったので、リスさんはハンカチを巻いて手当をしてあげました。クマさんは「これを食べて元気を出して」と言ってドングリを５個あげました。ウサギさんは、笑顔になって「ありがとう」と言うと、すっかり元気になって帰っていきました。それを見たクマさんとリスさんも笑顔になりました。
しばらく歩くと、おじいさんとおばあさんの家に着きました。２人は家の外に出て、「遠かっただろう。よく来たね」と出迎えてくれました。リュックの中のドングリを全部渡すと、「ありがとう。とっても助かるわ」と喜んでくれたので、クマさんとリスさんも笑顔になりました。２人は、おじいさんとおばあさんの家でお菓子をごちそうになって、日が沈む前にお家に帰りました。

（問題１の絵を渡す）
①クマさんと同じ気持ちの子どもを１つ選んで、青のクーピーで○をつけてください。
　水玉柄の服の子が言いました。「お手伝いを褒められてうれしかった」
　白い服の子が言いました。「ドングリをいっぱい拾えてうれしかった」
　チェック柄の服の子が言いました。「お菓子を食べられてうれしかった」
　黒い服の子が言いました。「みんなの役に立ててうれしかった」
②お話の季節はいつでしょうか。同じ季節の絵を選んで、青のクーピーで○をつけてください。

〈時間〉　各15秒

〈解答〉　①右端　②右端（秋）

［2020年度出題］

学習のポイント

問題は、①登場人物の気持ち、②季節なので、お話の細かな出来事を問われるものではありません。つまり、記憶力ではなく、お話をしっかり理解できているかが重要になります。お話の記憶というと、どうしても細かなところを気にしてしまいがちですが、本問では、お話を通して登場人物の気持ちなどを考える、一般的な読書に近い感覚でとらえることができるでしょう。このように、お話の記憶にもさまざまなバリエーションがあります。はじめのうちは、読み聞かせに慣れることが１番ですが、入試が近くなってきたら、問題の出し方にまで気を配って対策するようにしましょう。また、当校は実際の入試ではカラーで出題されており、①も「〇〇色の洋服の子が言いました」というように色で区別する方式でした。

【おすすめ問題集】
　１話５分の読み聞かせお話集①・②、お話の記憶 初級編・中級編・上級編

問題2　分野：推理（シーソー）

考え　観察

〈準 備〉　クーピーペン（青、赤）、鉛筆

〈問 題〉　１番上の段のシーソーを見てください。タマネギ１個とナス２本が釣り合っています。ナス１本とトマト３個が釣り合っています。

①タマネギ１個はトマト何個と釣り合うでしょうか。その数だけ右の四角の中に青のクーピーで○を書いてください。
②この絵のように野菜を載せた時、どちらの野菜が下がるでしょうか。下がる方に赤のクーピーで○をつけてください。

〈時 間〉　①30秒　②１分

〈解 答〉　下図参照

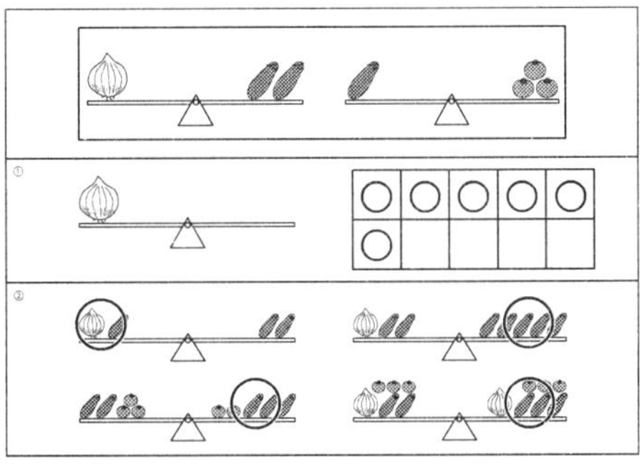

［2020年度出題］

弊社の問題集は、同封の注文書のほかに、
ホームページからでもお買い求めいただくことができます。
右のQRコードからご覧ください。
（聖心女子学院初等科おすすめ問題集のページです）

学習のポイント

シーソーの問題は、間接的に比較することができるかどうかが問われています。①では、見本でタマネギとナス、ナスとトマトの比較はありますが、タマネギとトマトを直接比較していないので、見本の結果から答えを推測しなければなりません。見本の２つにはどちらもナスがあるので、ナスを基準にして考えます。「タマネギ１個＝ナス２本」「ナス１本＝トマト３個」なので、「ナス２本＝トマト６個」と考えることができ、見本のように「ナス２本＝タマネギ１個」なので、「タマネギ１個＝トマト６個」という答えになります。②は、シーソーの左右にある同じ野菜を取り除いてから考えるとシンプルな比較になるので、解きやすくなります。

【おすすめ問題集】

Ｊｒ・ウォッチャー33「シーソー」、57「置き換え」

問題３　分野：常識（生活常識）

知識　公衆

〈準 備〉　クーピーペン（青、赤）、鉛筆

〈問 題〉　①雨が降っています。お出かけする時には何を履いていけばよいでしょうか。選んで青のクーピーで○をつけてください。
②料理のお手伝いをする時に身に付けるものはどれでしょうか。選んで赤のクーピーで○をつけてください。
③チューリップの球根を植える時に使うものはどれでしょうか。選んで鉛筆で○をつけてください。

〈時 間〉　各15秒

〈解 答〉　①左から２番目（長靴）　②右から２番目（エプロン）
③真ん中（シャベル）

［2020年度出題］

学習のポイント

こうした常識問題は、ペーパー学習として取り組むべきものではありません。学校側も、知識として身に付けさせたいわけではなく、このくらいのことは「日常生活の中で経験しておいてほしい」という意味で出題しているのです。あくまでも生活体験をベースにした学習が基本になります。雨の日に出かける時には、お子さまに靴を選ばせてください。料理をした時に洋服が汚れるという経験をすれば、エプロンが必要になることがわかります。こうしたことの積み重ねが生活体験です。小学校受験では、机の上以外にも学びの機会がたくさんあります。日々のくらしを大きな学びの場としてとらえて、お子さまにさまざまな体験をさせてあげてください。それが、本来の小学校受験の形なのです。ちなみに、③の正解の呼び方をシャベルとしていますが、地方によって呼び方が異なり、東日本では小さものをシャベル、大きいものをスコップと呼ぶことが多いようです。

【おすすめ問題集】

Ｊｒ・ウォッチャー12「日常生活」

問題4　分野：推理（観覧車）

考え　観察

〈準備〉　クーピーペン（青、赤）、鉛筆

〈問題〉　①動物が描いてある絵とくだものが描いてある絵がくっついています。今はサルとブドウが隣にあります。動物の絵が矢印の方向に1周回って元の位置に戻った時、隣にあるくだものは何でしょうか。右の四角の中から選んで青のクーピーで○をつけてください。
②乗りもの、くだもの、動物が描いてある絵がくっついています。乗りものの絵が矢印の方向に1周回って元の位置に戻った時、右下の太い矢印のところにある動物は何でしょうか。右の四角の中から選んで赤のクーピーで○をつけてください。

〈時間〉　①45秒　②1分

〈解答〉　①右上（バナナ）　②下段左から2番目（サル）

［2020年度出題］

学習のポイント

動物の絵が1マス回ると、くだものの絵も1マス回ります。くだものの絵が回る方向は左回り（動物の絵とは逆方向）になります。小学校受験でも時折出題される、歯車の回転の問題を解いたことがあれば、理解しやすいかもしれません。①は、動物の絵が8つに分かれており、くだものの絵は6つに分かれています。つまり、動物の絵が1周（8マス）回ると、くだものの絵は1周（6マス）＋2マス回るということになります。②も、考え方としては同じです。乗りものの絵は6つに分かれているので、乗りものの絵が1周すると、動物の絵は6マス回ります。間にくだものの絵があるので、動物の絵は乗りものの絵と同じ方向に回ります。6マス進んで矢印の位置にいるということは、今の位置から6マス戻ったところが正解になります。考え方としては、上記の通りなのですが、かなり難しい問題です。こうした難問ができるに越したことはありませんが、あまりこだわりすぎるのもよくありません。「難しい問題は誰にとっても難しい」と割り切って考えましょう。ちなみに、回転方向を示す矢印が、それぞれの絵にあったという意見となかったという意見があったので、本問では矢印なしで問題を作りました。難しいと感じるようでしたら、保護者の方がそれぞれの絵に回転方向の矢印をつけてあげてください。

【おすすめ問題集】
Ｊｒ・ウォッチャー6「系列」、50「観覧車」

問題5　分野：常識（生活常識）

知識　観察

〈準備〉　クーピーペン（青、赤）、鉛筆

〈問題〉　左の絵のように懐中電灯でぬいぐるみに光を当てた時、正しく映っている影はどれでしょうか。3つの絵の中から選んで、上の段には青のクーピーで、下の段には赤のクーピーで○をつけてください。

〈時間〉　各20秒

〈解答〉　①真ん中　②左

［2020年度出題］

学習のポイント

理科常識とも言えますが、どちらかと言うと生活常識に入る問題でしょう。光は真っすぐ進む性質があります。そこに障害物があると光が遮られ、影ができます。つまり、光、障害物、影は直線上に位置するということになります。これが理科的な考え方です。そうしたことがわからなくても、感覚的に正解にたどり着くことはできるでしょう。ただし、何となく答えているのか、経験上わかって答えているのかを、保護者の方はしっかりと見極めてください。本問の出題意図も、影がどうやってできるのかを理科的に理解しているかどうかではなく、身の周りの出来事に興味や関心を持っているかを観ているのです。こうした小さな経験も、小学校受験につながっているということです。

【おすすめ問題集】

Ｊｒ・ウォッチャー12「日常生活」、27「理科」、55「理科②」

問題6　分野：図形（重ね図形、回転図形）

考え　観察

〈準備〉　クーピーペン（青、赤）、鉛筆

〈問題〉　左の２枚の絵は透明な紙に描かれています。重ねると黒いマス目の部分は見えなくなってしまいます。☆の位置を合わせて２枚の絵を重ねた時に見える動物はどれでしょうか。右の絵に、上の段には青のクーピーで、下の段には赤のクーピーで○をつけてください。

〈時間〉　①30秒　②１分

〈解答〉　下図参照

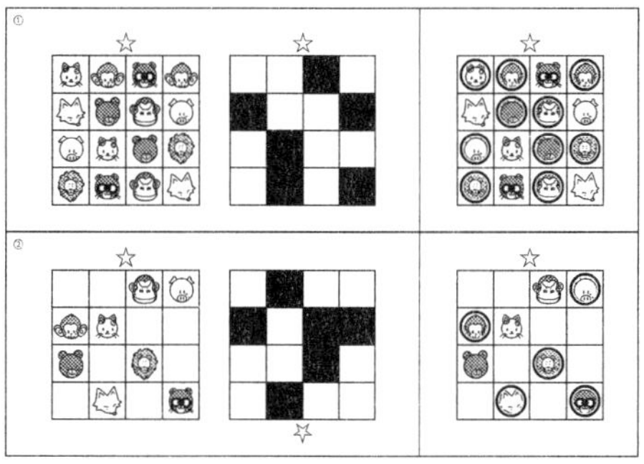

［2020年度出題］

家庭学習のコツ①　「先輩ママのアドバイス」を読みましょう！

本書冒頭の「先輩ママのアドバイス」には、実際に試験を経験された方の貴重なお話が掲載されています。対策学習への取り組み方だけでなく、試験場の雰囲気や会場での過ごし方、お子さまの健康管理、家庭学習の方法など、さまざまなことがらについてのアドバイスもあります。先輩ママの体験談、アドバイスに学び、ステップアップを図りましょう！

学習のポイント

重なった一部分を消すという重ね図形の問題です。一般的な重ね図形は２つの形を重ねるのですが、本問は重ねるというよりは、黒いマス目の部分を取り除く形になるので、少し違った感覚になります。一般的な重ね図形を「たし算」の感覚だとすると、本問は「ひき算」の感覚ととらえることができるかもしれません。①は黒いマス目以外のところに○をつければよいのですが、②では回転の要素がプラスされるので、格段に難しくなります。図形問題全般に言えることですが、頭の中で考えて解けない場合は、実際に見て、手を動かして考えるようにしましょう。本問も黒いマス目の絵を透明なシートなどに書き写して動物の絵に重ねれば、正解の形を実際に見ることができます。②などは特に、90度、180度と回転していく様子も見ることができるので、図形の変化をイメージする手助けになるでしょう。

【おすすめ問題集】
Ｊｒ・ウォッチャー５「回転・展開」、35「重ね図形」、46「回転図形」

問題７　分野：巧緻性（運筆・置き換え）

集中　観察

〈準　備〉　クーピーペン（青、赤）、鉛筆

〈問　題〉　上の段を見てください。ウサギには○、ネコには△、イヌには□を書きます。下の段にお手本のように鉛筆で記号を書いてください。それ以外の動物のところには何も書かないでください。

〈時　間〉　１分

〈解　答〉　下図参照

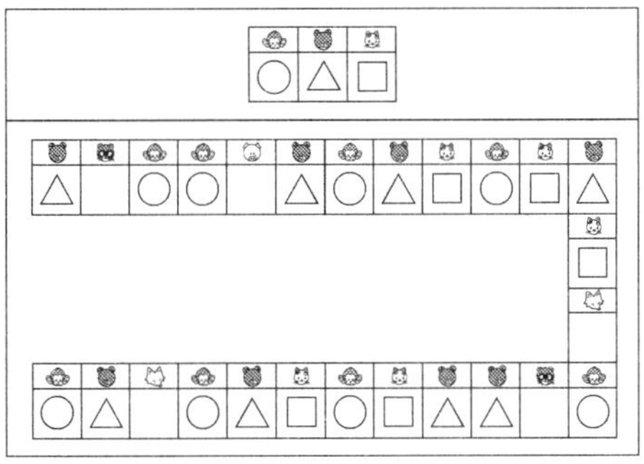

［2020年度出題］

家庭学習のコツ②　**「家庭学習ガイド」はママの味方！**

問題演習を始める前に、試験の概要をまとめた「家庭学習ガイド（本書カラーページに掲載）」を読みましょう。「家庭学習ガイド」には、応募者数や試験科目の詳細のほか、学習を進める上で重要な情報が掲載されています。それらの情報で入試の傾向をつかみ、学習の方針を立ててから、対策学習を始めてください。

学習のポイント

一見、系列の問題のようにも見えますが、本問は巧緻性＋置き換えの問題です。かみ砕いて言えば、集中力を観る問題と言えるでしょう。単純作業なので、ミスなく、ていねいにというところがポイントになります。何も書かない欄があるところにも注意しましょう。惰性で書き進めてしまうと、うっかり書いてしまいそうになります。間違えて書いてしまった場合は、もちろん訂正（当校の訂正は×印）できますが、集中力を観る試験で「うっかり書いてしまった」というのは、よい印象を与えないでしょう。単純な問題だけに、ミスが目立ってしまいます。ていねいに行えば、誰でも正解できる問題です。だからこそ、ケアレスミスのないように集中して取り組みましょう。

【おすすめ問題集】
Ｊｒ・ウォッチャー51「運筆①」、52「運筆②」、57「置き換え」

問題8　分野：数量（選んで数える）

観察　集中

〈準備〉　クーピーペン（青、赤）、鉛筆

〈問題〉　丸、三角、四角の形は何個ずつあるでしょうか。その数だけ右の四角の同じ記号のところに青のクーピーで○を書いてください。

〈時間〉　各１分

〈解答〉　①○：２、△：７、□：４　②●：３、▲：４、■：４

［2020年度出題］

学習のポイント

絵の配置の仕方に特徴のある数量問題です。数量（数える）は、一般的には、規則的に並んでいたり、ランダムに散らばっていたりすることが多いですが、本問では、絵のようになっていたり、シルエットとして重なっていたりと、ひとひねりされた出題となっています。ですが、考え方としては一般的な問題と変わりはありません。自分なりにルールを決め、一定方向に数えるということは、どんな出題方法にも対応できる解き方です。そうした「解き方の形」を持っていると、すぐに問題に取りかかれます。問題を見てから「どういう順番で数えよう」などと考えていると、あっという間に時間はなくなってしまいます。数量の問題は、時間をかければ誰にでも解けるので、解答時間が短く設定されています。慌てる必要はありませんが、何を問われているのかを理解したら、すぐに取りかかれる準備をしておくことが大切です。

【おすすめ問題集】
Ｊｒ・ウォッチャー14「数える」、37「選んで数える」

問題9　分野：言語（いろいろな言葉）

語彙　知識

〈準備〉　クーピーペン（青、赤）、鉛筆

〈問題〉　この絵の中で「かける」ものはどれでしょうか。選んで青のクーピーで○をつけてください。

〈時間〉　30秒

〈解答〉　上段真ん中（電話をかける）、左下（眼鏡をかける）、
右下（掃除機をかける）

［2020年度出題］

学習のポイント

これまで言語分野の問題は、「音」に関する出題が中心でしたが、最近は、本問のような動作を表す言葉や同音異義語、擬態語なども出題されるようになってきました。日本語には動作を表す言葉が数多くあります。ですが、「○○する」という言葉で代用されることが多いのも事実です。本問には、しっかりとした言葉を身に付けてほしいという、学校から願いが込められているのかもしれません。言語は、保護者の影響をそのまま受けてしまいます。小学校受験をするしないに関わらず、お子さまにとって大事な問題ですので、まずは、保護者の方が言葉の大切さを考えるようにしてください。言語（言葉）に関して、お子さまができていないということは、保護者ができていないということなのです。

【おすすめ問題集】
Ｊｒ・ウォッチャー12「日常生活」、18「いろいろな言葉」

問題10　分野：運動（模倣体操）

聞く　観察　集中

〈準備〉　なし

〈問題〉　この問題の絵はありません。
（５人程度のグループで行う）
音楽に合わせて、先生と同じ動作をする。
①足踏み。
②スキップをしながら回る（反対回りも）。
③頭の上で手拍子をしながらスキップ。
④手拍子をしながらケンケンパー。
⑤右手で左足のつま先を触る。左手で右足のつま先を触る。
⑥片足で立ってバランスをとる（どちらの足でも可）。
⑦好きなポーズをする（先生が５秒数える間そのまま）。

〈時間〉　適宜

〈解答〉　省略

［2020年度出題］

学習のポイント

便宜的に運動としてはいますが、指示行動と言った方が、より正確かもしれません。幼稚園や保育園で日常的に行っているような課題なので、特別な対策は必要ないでしょう。指示をすべて聞いた後に行うのではなく、先生といっしょ行うので、そういった意味でも、それほど難しいものではありません。指示通りに伸び伸びと身体を動かすことができれば、それで充分です。ただ、周りを見ながらではなく、指示を理解して素早くに行動に移すことができれば、「まねをしているのではなく、しっかり指示を聞いています」というアピールになるかもしれません。ここで大きな差がつくということは、あまり考えられないので、楽しみながら課題に取り組むことを第一に考えてください。

【おすすめ問題集】
新運動テスト問題集、Ｊｒ・ウォッチャー28「運動」

問題11　分野：行動観察（絵画）

協調　聞く

〈準備〉　クレヨン（12色程度）、大きな紙（お皿に見立てた○や□を描いておく）、スプーンや箸などの食器

〈問題〉　**この問題は絵を参考にしてください。**
（５人程度のグループで行う。大きな机の上にお皿に見立てた○や□が描かれた絵が置いてある。離れた場所にスプーンや箸などの食器が置いてある）
「家族が笑顔になる料理」の絵を描きましょう。グループで相談して、誰がどこに何を描くか決めてください。同じ絵を描かないようにしましょう。余ったところにはみんなで相談して何を描くか決めてください。絵が描き終わったら、食べる道具を持ってきて、料理の絵のところに並べてください。
※グループによって「好きなお弁当」「好きな料理」など、テーマが異なる。

〈時間〉　適宜

〈解答〉　省略

[2020年度出題]

学習のポイント

気を付けるべきことは、協調性です。集団での行動観察では、基本中の基本となるので、そこだけはしっかりと注意しておいてください。絵を描いている時に、「何を描いているのですか」「どうしてその絵を描いているのですか」「お手伝いをしていますか」などの質問があります。その対応もポイントになります。絵を描きながらではなく、きちんと先生の顔を見て答えるようにしましょう。何を答えるかよりも、どんな態度で答えるかの方が重要とも言えます。また、課題が終わった後に、「先生が絵を片付けている間、静かに待っていてください」という指示あり、試験終了後にも「お家の方が来るまで、お行儀よく待っていてください」と言われるので、そうした様子もしっかりと観られていると考えください。

【おすすめ問題集】
新口頭試問・個別テスト問題集、新ノンペーパーテスト問題集
Ｊｒ・ウォッチャー24「絵画」、29「行動観察」

問題12　分野：面接（保護者・志願者）

話す　聞く

〈準備〉　なし

〈問題〉　**この問題の絵はありません。**

【志願者へ】
・お名前を教えてください。
・幼稚園で何をして遊ぶのが好きですか。
・今がんばっていることは何ですか。
・迷子になった時はどうしますか。
・花瓶が割れて、床に水がこぼれてしまったらどうしますか。

【父親へ】
・志望動機をお話しください。
・聖心女子学院の教育方針とご家庭の教育方針で一致しているところはありますか。
・社会人としての経験で、子育てに役立っていることはありますか。
・お母さまのよいところで、お子さまに引き継いでもらいたいところはどこですか。

【母親へ】
・願書に記入されたエピソードについて、もう少し詳しく教えてください。
・お子さまと接する時に気を付けていることはありますか。
・お母さまがお子さまに誇れることは何ですか。
・受験で大変だったことはありますか。

【３人へ】
・あなたより小さな子にお話をしてあげるとしたらどんなお話をしますか。３人で話し合って（２分程度）、お子さまが答えてください。

〈時間〉　15分程度

〈解答〉　省略

［2020年度出題］

学習のポイント

面接は、考査日前（本年度は10/17または、10/24）に行われます。親子３人と試験官２名で、時間は10分から15分程度です。保護者への質問は家庭によって多少異なるものの、小学校受験でよく質問される、志望動機や家庭の教育方針などが中心です。お子さまには、口頭試問のような質問もあるので、慌てないように準備しておきましょう。親子３人で相談して答えるという質問もあります。これは親子間の意思疎通ができているかという観点で行われるものですが、志願者（お子さま）に答えさせることで、お子さまのコミュニケーション能力も測っています。特別な対策は必要ありませんが、親子で話し合う機会が少ないと感じているようなら、些細なことでも構わないので、会話をする習慣を付けるようにしましょう。質問に対して自然に回答できるようになります。

【おすすめ問題集】
新 小学校受験の入試面接Ｑ＆Ａ、面接テスト問題集、面接最強マニュアル
新口頭試問・個別テスト問題集

2019年度以前の過去問題

問題13　分野：お話の記憶

集中　聞く

〈準備〉　クーピーペン（青）

〈問題〉　これからするお話をよく聞いて、後の質問に答えてください。

長い鉛筆が消しゴムと絵を描き始めました。横にいた短い鉛筆が「それは耳かい？」と聞くと、長い鉛筆は「違うよ。鼻だよ」と丸い形を描いています。しばらくの間、「間違えた」「じゃあ消すね」と、長い鉛筆と消しゴムは言い合いながら絵を描いています。短い鉛筆は退屈になったので、画用紙から離れたところにいるハサミのところでまでコロコロと転がっていき、声をかけました。「あれは何を描いているんだろうね」ハサミは「さあ。イヌかな」とハサミはあまり興味がないようです。「絵を描くのにぼくはいらないからね。しばらく寝てるよ。用があったら起こしておくれ」と言って、道具箱に戻っていきました。短い鉛筆は机の上を探すと反対側に定規がいるのが見えました。短い鉛筆はまたコロコロと転がって、定規のところに行きました。「何を描いているかわかりますか」と聞くと、定規はしばらく考えてから「ネコかクマのように見える。ずいぶん丸いものだね」と言いました。「どっちにしろ、私の出番はなさそうだね。道具箱で休憩しているから、用があったら声をかけておくれ」と道具箱の方へ歩いていきました。机の上には、長い鉛筆と消しゴムしかいなくなったので、短い鉛筆は２人の方へ転がっていき、「終わったかい？」と聞くと「まだだよ」と消しゴムが答えました。「僕もひまだから、道具箱に戻ってもいいかい」と短い鉛筆が聞くと、長い鉛筆は「これから目の周りや耳を君に塗ってもらうから、しばらくそこで待っててよ」と言いました。「これはシロクマじゃなかったの？」と絵を見ながら短い鉛筆が聞くと長い鉛筆は、「似てるけど違う動物だよ」と言い、「そう言えば、しっぽは塗るのかな、塗らないのかな」と消しゴムに聞きながら絵の続きを描き始めました。

（問題13の絵を渡す）
①お話にでてきたものに○をつけてください。
②鉛筆たちは何を描こうとしているのでしょうか。正しいもの選んで○をつけてください。

〈時間〉　各15秒

〈解答〉　①鉛筆（２本とも）、ハサミ、定規、消しゴム　②パンダ

［2019年度出題］

家庭学習のコツ③　効果的な学習方法～問題集を通読する

過去問題集を始めるにあたり、いきなり問題に取り組んではいませんか？　それでは本書を有効活用しているとは言えません。まず、保護者の方が、すべてを一通り読み、当校の傾向、ポイント、問題のアドバイスを頭に入れてください。そうすることにより、保護者の方の指導力がアップします。また、日常生活のさまざまなことから、保護者の方自身が「作問」することができるようになっていきます。

学習のポイント

まず、場面を頭に思い浮かべながらお話の流れをつかみ、次に登場人物の持ちものや描写など、細かい事柄をそれに付け加えていく、というのが基本的なお話の覚え方になります。当校ではファンタジー色の強いお話が出題に多いようですが、覚え方は一般的な話と変わりません。登場人物が文房具でも動物でも、「～が～した」「～が～と言った」という流れを踏まえつつ、その様子や数といった細かな描写を付け加えて行くのです。ストーリーの展開は小学校受験のお話ですから、それほど複雑なものではありません。読み聞かせに慣れていれば混乱することはなく、ケアレスミスがなければほとんどの志願者が正解するといったレベルでしょう。

【おすすめ問題集】

1話5分の読み聞かせお話集①・②、お話の記憶 初級編・中級編・上級編

問題14 分野：図形（同図形探し）

観察 考え

〈準 備〉 クーピーペン（青）

〈問 題〉 それぞれの段の左端の絵と同じものを、右の中から選んで○をつけてください。右の形はお手本を回転させたものもあります。

〈時 間〉 1分

〈解 答〉 ①左から2番目 ②右から2番目 ③右端

［2019年度出題］

学習のポイント

同図形（異図形）探しの問題は、まず見本となるの図形の特徴をとらえることから始まります。「図形の特徴」とは、「四角」「円」といった図形全体の形だけではなく、辺の長さ・向きや角の角度のことです。この問題の③で言えば、ロボットの目の形や、腕の向きといったところが「図形の特徴」ですが、小学校受験の段階ではその特徴を言葉で説明する必要はありません。直感的にその図形の「目立つところ」を見つけ、ほかの図形と比較し、「同じ（異なる）図形である」ということがわかればよいのです。そういった要領がわかっていれば問題なく答えることができでしょう。ただし、そういったセンスが備わっていれば何の努力もなく問題が解けるというわけではなく、ある程度の「慣れ」は必要です。練習問題を数多く解くことに加え、触ることができる図形パズル（タングラムなど）や積み木などを使い、図形に対する知識と理解を深めていきましょう。

【おすすめ問題集】

Ｊｒ・ウォッチャー4「同図形探し」、46「回転図形」

問題15　分野：言語（言葉の音）

集中　語彙

〈準備〉　クーピーペン（青）

〈問題〉　上の四角を見てください。左の絵はカバンです。その中には、「カバ」が隠れています。
下の四角の上の段の絵の中には、同じように動物が隠れています。隠れている動物を見つけて、下の段の絵と、線でつなぎましょう。

〈時間〉　30秒

〈解答〉　下図参照

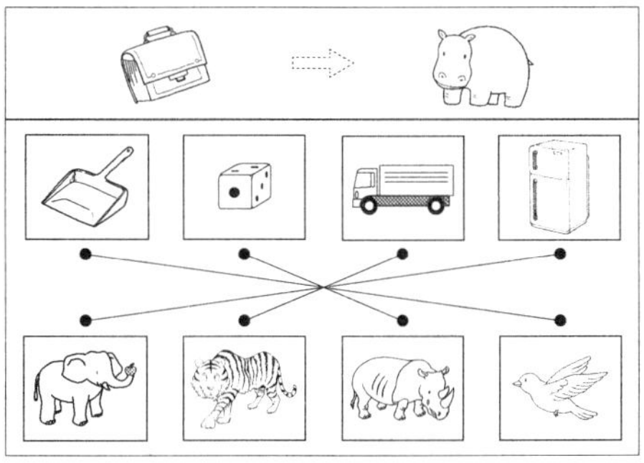

［2019年度出題］

学習のポイント

内容としてはそれほど難しい問題ではありません。問われている言葉は年齢相応に知っているべき言葉ですから、スムーズに答えられるでしょう。この問題は、言葉の音（おん）の問題ですが、最近は言葉の意味や使い方に加え、こうした言葉遊びに近い問題もよく目にします。しりとりもよく出題されていますが、バリエーションが限られるという事情もあり、こういった出題となっているのかもしれません。いずれにせよ観点は１つで、「年齢相応に言葉を知っているか」ということです。お子さまの語彙が不足していると感じるなら、言葉遊びの機会を増やすのも対策の１つですが、親子間での会話を増やすことが何よりの対策になります。生活で使われる言葉は、小学校受験で最も出題される言葉だからです。なお、お子さまが問題文の意味を理解できないようであれば、こうした問題に数多く接して「何を問われているか」にポイントを置いて指示を聞く、ということを習慣にするようにしてください。

【おすすめ問題集】
　Ｊｒ・ウォッチャー17「言葉の音遊び」、18「いろいろな言葉」、
　60「言葉の音（おん）」

家庭学習のコツ④　効果的な学習方法～お子さまの今の実力を知る

１年分の問題を解き終えた後、「家庭学習ガイド」に掲載されているレーダーチャートを参考に、目標への到達度をはかってみましょう。また、あわせてお子さまの得意・不得意の見きわめも行ってください。苦手な分野の対策にあたっては、お子さまに無理をさせず、理解度に合わせて学習するとよいでしょう。

問題16　分野：数量（数の構成）

考え　観察

〈準　備〉　クーピーペン（青）

〈問　題〉　上の段を見てください。左の四角に描いてあるミカンの数は「８」です。
右の四角に描いてある、ミカンの置いてある皿のどれとどれをを選べば同じ数になりますか。正しいものを選んで○をつけてください。下の段も同じように答えてください。

〈時　間〉　30秒

〈解　答〉　下図参照

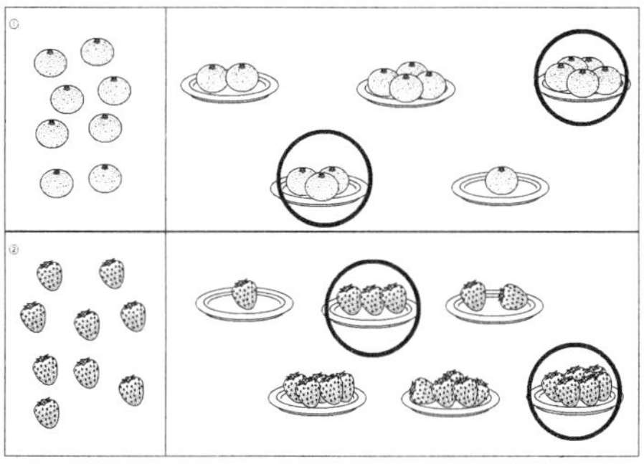

［2019年度出題］

学習のポイント

「数に対するセンス」を観点にした問題です。「数に対するセンス」とはひと目で２つの集合の多少がわかったり、10以下の数であれば、指折り数えることなく、いくつものがあるかがわかる、といった感覚のことです。こういう表現をしてしまうと難しそうですが、この感覚は、特別な訓練が必要なものではなく日常生活で自然と身に付くものです。小学校に入学すると、基本的なたし算・ひき算をする時に習うのが「たして10になる数」の２つの数の組み合わせ（「１・９」「２・８」など）ですが、学習する前に何となく学んでいたという方も多いのではないでしょうか。買いものをしてお金を払う時、友だちとおやつを分ける時など、何かを数える時に自然と10単位でものを数えているのです。この問題ではいちいち指折り数えていると、時間内に答えることができません。「数に対するセンス」を身に付けて、こうした問題にも余裕を持って答えられるようになりましょう。

【おすすめ問題集】

Ｊｒ・ウォッチャー38「たし算・ひき算１」、39「たし算・ひき算２」、41「数の構成」

問題17　分野：複合（推理・数量）

観察　考え

〈準備〉　クーピーペン（青）

〈問題〉　①クマとリスがドングリを拾いに☆の描いてある四角からスタートします。リスは１歩歩くと１マス進み、クマは１歩歩くと２マス進みます。５歩歩いた時にクマはどこにいますか。その四角に○をつけてください。
②リスは５歩歩いた時にいくつドングリを持っていますか。その数だけ下の四角に○を書いてください。

〈時間〉　各20秒

〈解答〉　下図参照

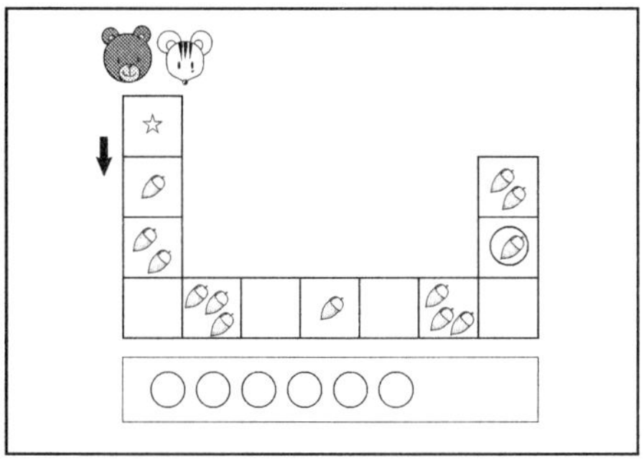

［2019年度出題］

学習のポイント

①は位置の移動の問題です。指示を守ることができれば問題なく答えることができます。「クマが１歩で２マス、リスが１歩で１マス進む」という条件はありますが、それほど複雑な指示ではありません。集中していれば、聞き漏らすこともないでしょう。②は数量と推理の複合問題です。①の条件はそのままなので、リスが５歩移動した時にそのコースにいくつドングリがあるかを数えればよい、ということになります。すぐに答えられないようであれば、数えられないということではなく、問題の意味がよくわかっていないということでしょう。最近では、プロジェクターなどで例題を解き、わかりやすく指示を出す入試もありますが、小学校受験の問題は口頭で読み上げられるのが基本です。指示を最後まで聞き、よく理解してから、答えるようにしてください。

【おすすめ問題集】

Ｊｒ・ウォッチャー14「数える」、37「選んで数える」、47「座標の移動」

問題18　分野：行動観察（制作）

聞く　協調

〈準備〉　（模造紙に弁当箱に見立てた青色の枠（50cm×70cm）を描いておく）
模造紙１枚（80cm×100cm）、画用紙（適宜）、クレヨン（12色程度）、ハサミ、セロハンテープ

〈問題〉　**この問題の絵はありません。**
（４人程度のグループで行う。あらかじめ準備した画用紙とクレヨンを渡しておく）
今から、お弁当に入れるものを画用紙に描きます。
①それぞれが何の絵を描くか、話し合って決めてください。
②描き終わった人は描いたものをハサミで切り、青い枠の中にセロハンテープで貼ってください。
③出来上がったら、「できました」と先生に言ってください。

〈時間〉　適宜

〈解答〉　省略

［2019年度出題］

学習のポイント

グループでの制作は協調性が観点ですから、①の「話し合って」はもちろんのこと、②「できました」と報告するところも、個人ではなくグループに対しての指示だと考えて行動してください。保護者の方の関心は、こういった指示を受けた時どのように行動すればよい評価を得られるのか、というところだと思いますが、結論から言えば「常識的な振る舞いであれば間違いというものはない」ということになります。ほかの志願者の意見をまとめるなど、積極的に行動するのはもちろんよい評価につながります。だからと言って、黙々と作業を行っていると、悪い評価につながるということもありません。大きな声が出なくても、表情や動作に他人を思いやる気持ちが表れていれば、コミュニケーション能力は「ある」と評価されるでしょう。そういった考え方からすれば、行動観察でやってはいけないのは、「ふだん通りではない自分を見せようとして、目立ってしまうこと」に尽きます。自分の評価を高めるために、集団の和を乱すようなトラブルを起こすというのは評価する側が最も嫌うことです。

【おすすめ問題集】
実践 ゆびさきトレーニング①・②・③、Ｊｒ・ウォッチャー22「想像画」、24「絵画」、29「行動観察」

問題19　分野：お話の記憶

集中　聞く

〈準備〉　クーピーペン（青）

〈問題〉　これからするお話をよく聞いて、後の質問に答えてください。

花子さんは、お姉さんといっしょに植物園へ行きました。植物園には、温かいお部屋があり、その中には、花子さんが見たことのない大きな花や、きれいな色をした花がたくさん咲いていました。花子さんとお姉さんは、おみやげに、何かの種が植えられた植木鉢を買うことにしました。「私は１番大きい植木鉢が欲しいよ」と花子さんが言いました。お姉さんは、「それじゃあ、私はこれにしよう」と言って、四角い植木鉢を選びました。「どんな花が咲くのかなあ」と話をしながら、花子さんとお姉さんは、植木鉢を大事そうに抱えて、お家に帰りました。
それから何日かして、２人の植木鉢から、緑色の芽が出てきました。「何の花だろう。まだわからないね」と言いながら、花子さんとお姉さんは、植木鉢に水をあげました。
また何日かして、お姉さんの植木鉢に花が咲きました。「わあ。黄色い花が咲いたよ。これはカボチャの花だね」お姉さんはとてもうれしそうです。「私の花はまだ咲かないのかな」花子さんは少しがっかりしてしまいました。
次の日、花子さんの植木鉢にも花が咲きました。「やっと咲いたよ。ピンク色の花が咲いた」花子さんは大喜びです。お姉さんは「これはサツマイモの花だね。大きくなる前に、畑に植え替えなきゃいけないね」と言いました。次の日曜日に、２人はそれぞれの花を畑に植え替えました。
秋になりました。花子さんとお姉さんは、カボチャとサツマイモを収穫しました。そのカボチャとサツマイモを使って、お母さんがカボチャプリンとサツマイモパイを作ってくれました。おいしいプリンとパイを食べて、花子さんもお姉さんも、とても満足でした。

（問題19の絵を渡す）
①花子さんとお姉さんは、どんな植木鉢を買いましたか。花子さんが選んだ植木鉢に○を、お姉さんが選んだ植木鉢に△を書いてください。
②花子さんの花からは、どんな実ができましたか。選んで○をつけてください。
③お姉さんの花が咲いたとき、花子さんはどんな気持ちになりましたか。選んで○をつけてください。
④お母さんは、カボチャとサツマイモで、何を作ってくれましたか。選んで○をつけてください。

〈時間〉　各15秒

〈解答〉　①○：左端　△：右端　②○：右から２番目（サツマイモ）
③○：左から２番目　④○：右から２番目

［2018年度出題］

学習のポイント

お話の記憶の問題では、場面を頭に思い浮かべながらお話の流れをつかみます。その際に、登場人物の持ちものや植物の描写など、細かい部分も覚えていくことが基本です。当校の問題は、例年、基本事項を踏まえたものが多く出題されています。また、登場人物の持ちものを聞いたり、数量に関する質問が多く出題されていることも特徴と言えます。まず、基本的な聞き取りができるようになることを目標に、短めのお話で練習を繰り返してください。実戦的な練習の時期になったら、聞き取る力をさらに伸ばすことが対策になります。例えば、少し速めに読んだり、抑揚を抑えたり、録音した音声を使ったりなどを試してください。読み方を工夫するだけで、難易度が変わります。

【おすすめ問題集】

1話5分の読み聞かせお話集①・②、お話の記憶 初級編・中級編・上級編

問題20　分野：常識（季節）　知識

〈準 備〉　クーピーペン（青）

〈問 題〉　それぞれの段に描かれているものを、同じ季節のもの同士、線でつないでください。

〈時 間〉　1分

〈解 答〉　下図参照

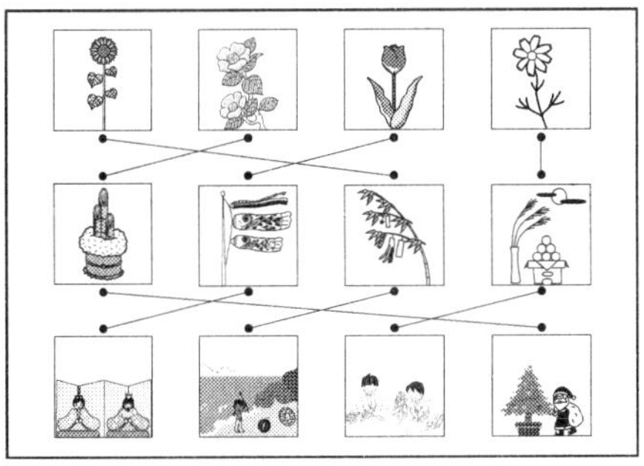

［2018年度出題］

学習のポイント

常識分野の問題では、さまざまなものに対して、名前だけでなく、季節、仲間、使い方、言葉の音（おん）など、付随する知識が多岐に渡って出題されます。そのため、覚える時にも工夫が必要です。例えば、机上の知識として覚えることと、生活・体験を通して覚えることの両方を進めていくと、知識が結びつき、定着につながる機会が増えます。また、覚えた知識を声に出して言うことも、定着の方法としておすすめです。「コスモスといったら秋の花。秋の花といったらコスモス」のように、関係を入れ替えて声に出すのも効果的です。「季節」の知識に限らず、常識分野の知識は混同しやすいものです。ある程度覚えたら、知識を整理することも忘れないようにしてください。

【おすすめ問題集】

Ｊｒ・ウォッチャー34「季節」

問題21　分野：図形（回転図形）

観察　考え

〈準備〉　クーピーペン（青）

〈問題〉　左の上の四角を見てください。左の絵を何回か回して、右の絵のようにします。左の絵と同じになるように、右の絵の中に記号を書いてください。ほかの四角も同じように、絵の中に記号を書いてください。

〈時間〉　各20秒

〈解答〉　下図参照

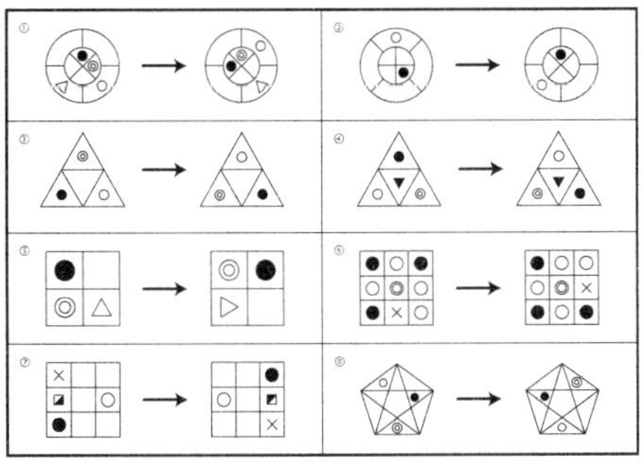

［2018年度出題］

学習のポイント

回転後の絵を完成させることが求められている問題です。図形の回転の様子を、頭の中でしっかりと思い浮かべなければならないため、難易度の高い問題と言えます。考え方としては、図形の中にある記号の１つに注目し、その記号が右回り（または左回り）にどのくらい移動したのかを確認します。そして記号が移動した分だけ、ほかの記号も同じように移動させます。記号の位置の移動だけでなく、さまざまな記号を扱っているので、細かいところにまで目を配る観察力が求められています。図形の回転だけにこだわらず、図形の位置や形を認識する力を伸ばせるように、さまざまなパターンの問題に取り組むことを、ふだんから心がけておくとよいでしょう。

【おすすめ問題集】

Ｊｒ・ウォッチャー46「回転図形」

問題22　分野：数量（たし算・ひき算）

聞く　考え

〈準　備〉　クーピーペン（青）

〈問　題〉　①ウサギさんが、ニンジンを10本持っています。お兄さんウサギに２本、妹ウサギに１本あげると、何本残りますか。その数だけ右の四角に○を書いてください。
②リスさんは、クリを３つ拾いました。その後、また２つ拾いました。リスさんは、クリを全部でいくつ持っていますか。その数だけ右の四角に○を書いてください。
③キツネさんはアメを５個持っていました。ウサギさんに１個あげて、リスさんから２個もらいました。キツネさんは、アメを全部でいくつ持っていますか。その数だけ右の四角に○を書いてください。

〈時　間〉　各15秒

〈解　答〉　①○：７　②○：５　③○：６

［2018年度出題］

学習のポイント

数量の増減に関する問題です。数のやりとりに対する理解と、指示を集中して聞く力が観られています。複雑な問題ではないので、まとめて数えようとせず、１回のやりとりごとに数をかぞえていけばよいでしょう。問題文を聞きながら頭の中で数を操作するためには、１度で指示を聞き取って、頭の中で増減の処理ができるようにしなければいけません。具体物を使って少し複雑な計算をした後に、頭の中で簡単な数量の処理を行うようにすると効果的です。これを繰り返していると、多少複雑な計算でも、スムーズに答えを求められるようになります。問題の内容がしっかり理解できていると感じたら、正確さにも目を向けましょう。

【おすすめ問題集】
Ｊｒ・ウォッチャー38「たし算・ひき算１」、39「たし算・ひき算２」、43「数のやりとり」

問題23　分野：行動観察（制作）

聞く　協調

〈準　備〉　大きな画用紙（４～６枚）、クレヨン（12色程度）

〈問　題〉　この問題の絵はありません。
（４人程度のグループで行う。あらかじめ準備した画用紙とクレヨンを渡しておく）
今から、なりたいお店屋さんの絵を描きます。
①グループのみんなで、なりたいお店屋さんを話し合って決めてください。
②次に、お店屋さんの看板を描いてください。
③最後に、お店屋さんで売るものを描いてください。出来上がったら、「できました」と先生に言いましょう。

〈時　間〉　適宜

〈解　答〉　省略

［2018年度出題］

学習のポイント

本課題では、みんなで話し合って、お店、看板、商品の３つを決めなければなりません。お互いの意見を交換し、役割を決めて、その役割にふさわしい行動ができるかどうかが観られています。このような課題では、リーダーシップをとることで、試験が有利になるようなことはありません。お子さまの性格にあわせて、あらかじめ振る舞い方を相談しておくことが大切です。例えば、率先して行動できるタイプならば、仲間に声をかけて考えを聞き出し、行動を決めることができます。指示通りに行動することが得意ならば、リーダーの指示が活きるように、テキパキと行動すればよいでしょう。また、みんなの意見が分かれた時にはどうすればよいかなども、事前に話し合っておくことの１つにあげられます。お子さまがふだん、お友だちとどのように接しているのかを保護者の方はよく観察して、お子さまの「よさ」を見つけることから取り組んでみてください。

【おすすめ問題集】

Ｊｒ・ウォッチャー29「行動観察」

問題24　分野：お話の記憶

集中　聞く

〈準備〉　クーピーペン（青）

〈問題〉　この問題の絵は縦に使用してください。

これからするお話をよく聞いて、後の質問に答えてください。

ウサギさん、ビーバーさん、リスさん、小鳥さん、ロバさんが広場で遊んでいます。ロバさんが「ウサギさんはピョンピョン跳べる。リスさんはフサフサしたしっぽで、みんなを温めてあげられる。小鳥さんは空を飛んで、高いところの木の実をみんなに運べる。ビーバーさんは、丈夫な歯で木を削ってみんなにシーソーを作ってあげられるのに、ぼくは何もできないよ」と悲しそうな声で言いました。みんなで鬼ごっこしていると、遠くまで行ってしまったウサギさんは、みんなとはぐれてしまいました。「みんなどこに行ったのかしら」とウサギさんはみんなを探しましたが、あたりは夕方になり、薄暗くてよくわかりません。しばらく歩いていると、木の根っこに足をとられてウサギさんは転んでしまいました。「助けて！」とウサギさんは大きな声で言いました。それを遠くで聞いたのはロバさんです。みんなには聞こえませんでしたが、ロバさんにだけ、ウサギさんの声が聞こえたのです。ロバさんがウサギさんを助けに行くと、ウサギさんは足をひねって動けなくなっていました。「ぼくに乗って」とロバさんはウサギさんに言いました。ウサギさんは、ロバさんに乗って「ロバさんのいいところは耳のよいところよ」と言いました。ロバさんは「いいところを見つけてくれてありがとう」とお礼を言いました。

（問題24の絵を渡す）
①ケガをした動物に○をつけてください。
②ケガをした動物を助けた動物に△をつけてください。
③ビーバーさんが木を歯で削って作ったものに○をつけてください。

〈時間〉　各20秒

〈解答〉　①右から２番目（ウサギ）　②右端（ロバ）　③左から２番目（シーソー）

［2017年度出題］

学習のポイント

このお話のように登場人物（動物）の多いお話は、自分が主人公になったつもりで、お話の中の情景を思い浮かべながら聞いていると、お話も記憶しやすくなるでしょうし、後で質問されそうな箇所もわかってきます。また、日頃の読み聞かせの際に、お話を途中で区切って、質問をしながら読むことを繰り返していくと、内容を覚えるためのお話の聞き方が自然と身に付くでしょう。そういったお話の聞き方が身に付いた後は、お子さまから保護者の方に問題を出してもらう、あるいはお子さまにお話の続きを考えさせるといった「応用」の学習をしてみるのもよいでしょう。学習に飽きることなく、どんなお話にでも対応できる柔軟性が身に付きます。

【おすすめ問題集】

１話５分の読み聞かせお話集①・②、話の記憶 初級編・中級編・上級編

問題25 分野：推理（濃度）

観察 考え

〈準 備〉 クーピーペン（青）

〈問 題〉 コップに同じ量の絵の具を入れます。３番目に絵の具の色が濃くなるコップの絵に、○をつけてください。

〈時 間〉 １分

〈解 答〉 右上

［2017年度出題］

学習のポイント

濃度の問題自体が小学校入試であまり出題されませんが、「水に溶いた時の絵の具の色の濃さ」を聞く問題はさらに珍しいでしょう。砂糖水の濃度の問題（１番甘いものはどれかといった問題）は生活体験と関連付けられますが、「絵の具を水に溶く」という行為は日常ではなかなか行わないでしょうから、「濃度の問題を解いたことがあって、これを応用して考えることができる志願者」以外にはかなり難しい問題だったかもしれません。対策としては、応用を必要とする推理分野の問題を数多くこなすことはもちろんですが、問題の見かけに左右されるのではなく、「何を聞かれているのか」を問題を解く前に考えることを習慣にすることです。なお、当校では、この問題のように「内容自体は基礎的だが、出題方法や問題の題材が特殊」である場合があります。注意してください。

【おすすめ問題集】

Ｊｒ・ウォッチャー31「推理思考」

問題26　分野：常識（理科）

知識　聞く

〈準備〉　クーピーペン（青）

〈問題〉　①上の段を見てください。間違ったことを言っている動物に、×をつけてください。
ヒツジさんは言いました。「お湯に水を入れたらぬるくなった」
クマさんは言いました。「卵を水に入れたら浮かんだ」
ウサギさんは言いました。「水に砂糖を入れたら、甘い味になった」
ネコさんは言いました。「氷を水に入れたら氷が水に浮かんだ」
②下の段を見てください。この中で卵から生まれる動物に、○をつけてください。

〈時間〉　①30秒　②１分

〈解答〉　①左から２番目（クマ）　②ペンギン、カエル、クジャク、マグロに○

［2017年度出題］

学習のポイント

①はいわば生活常識で、勉強して知るというより、生活の中で学ぶものです。中でも「卵は水に浮かない」という知識は、大人でも知らない人がいるでしょう。かなり難しい問題ですから、消去法（ほかの発言はすべて正しいと考えて正解を選ぶ）で答えても問題ありません。②では卵生・胎生について聞かれています。小学校入試では、海に棲むイルカ・クジラ、陸上ではコウモリなど、魚・鳥と混同しやすいものが多く出題されています。単に解答できるという知識を持つのではなく、できれば生態がわかるように実物や映像を見て、関連する知識も学んでおくとよいでしょう。

【おすすめ問題集】
Ｊｒ・ウォッチャー27「理科」、55「理科②」

問題27　分野：推理（シーソー）

観察　考え

〈準備〉　クーピーペン（青）

〈問題〉　４種類のおもりの重さを天秤ばかりで比べたら、上の絵のように釣り合いました。では下の絵のように、おもりを天秤ばかりに載せた時、釣り合うのはどれですか。○をつけてください。

〈時間〉　２分

〈解答〉　上段の真ん中、下段の左端、下段の真ん中

［2017年度出題］

学習のポイント

まず、条件をしっかり理解することから始めましょう。「□１個の重さが■２個の重さと同じ」、「○１個の重さが□２個の重さと同じ」という２つの条件から、「○１個の重さは■４個の重さと同じ」であることがわかります。同じように、「●１個は■８個分の重さ」だということもわかります。このように、すべてのおもりの重さを１番軽いもののいくつ分になるかを考えると比べやすくなります。慣れるまでは、おはじきなどを使って、置き換えの関係を理解できるような練習をするとよいでしょう。

【おすすめ問題集】

Ｊｒ・ウォッチャー33「シーソー」、57「置き換え」

問題28　分野：数量（たし算・引き算）

聞く　考え

〈準備〉　クーピーペン（青）

〈問題〉　①かなこさんはアメを３個買いました。お母さんがその後アメを買い足したら、アメは全部で10個になりました。お母さんはアメをいくつ買いましたか。上の段にその数だけ○を書いてください。
②かなこさんは10個あるアメを、４人のお友だちにあげることにしました。１人２個ずつあげると、かなこさんの持っているアメはいくつになるでしょう。真ん中の段にその数だけ○を書いてください。
③ビンに入ったジュースが10本あります。たろうくんが３本飲むと残りは何本ですか。下の段にその数だけ○を書いてください。

〈時間〉　各15秒

〈解答〉　①○：７　②○：２　③○：７

［2017年度出題］

学習のポイント

当校の入試で頻出の「数量」分野の問題です。数量分野の問題は、単純なたしひきから、分配・比較へと発展し、記憶の問題や図形の問題と複合するなど、さまざまな出題パターンがありますが、基礎となる「数の概念」が身に付いていれば、正しく解答することができるでしょう。ハウツー的な解答方法だけを学ぶのではなく、具体物（おはじきなど）を利用して数を分けることや、数の多少などがすぐイメージできるまでにしておきましょう。本問では、どの問題も10までの数を扱った基礎的な問題だけですから、取りこぼしはしたくないところです。解答時間が短く、イラストではなく言葉で説明されるとどうしても勘違いをしてしまうことがあります。落ち着いて取り組んでください。

【おすすめ問題集】

Ｊｒ・ウォッチャー38「たし算・ひき算１」、39「たし算・ひき算２」

問題29　分野：常識（生活常識）

公衆

〈準　備〉　なし

〈問　題〉　**この問題の絵はありません。**
「私は歌が得意だから、病気の人に歌を歌ってあげる」
「私は足が速いので、鬼ごっこをしても捕まらない」
「私はすべり台が好きだから、お友だちが並んでいても先に滑るよ」
「私は背が高いから、妹の手が届かないところのものを取ってあげる」
この中で、いけないことを言っていると思うのはどれですか。その理由も言ってください。

〈時　間〉　適宜

〈解　答〉　省略

[2017年度出題]

学習のポイント

この問題は、「弱い立場の人への思いやり」を観る問題ですが、お子さまに「一般的に言ってはならないことがわかる」という程度の常識があれば、解答は難しいものではありません。当校の常識問題で問われることが多いのは、公共の場での正しいマナーや知識です。また、そういったことを各家庭できちんと躾けていることが前提となっていますから、直接的ではなくとも、マナーについては常にチェックされていると考えたほうがよいでしょう。この問題の場合も、「なぜいけないことなのか」という理由を述べる際に、その点がチェックされていると考えてください。

【おすすめ問題集】
Ｊｒ・ウォッチャー12「日常生活」、56「マナーとルール」

問題30　分野：巧緻性（模写）

集中

〈準　備〉　クーピーペン（青）

〈問　題〉　点線を青色のクーピーペンでなぞってください。

〈時　間〉　２分

〈解　答〉　省略

[2017年度出題]

学習のポイント

点線をなぞる問題です。どこから始めるのか自分の中でルールを持っていると、取り組みやすいと思います。問題によっては書き始めのポイントを間違えると、書きにくくなる場合あるので気を付けてください。家庭で練習をする時は、始点の位置を確認し、その後、線の中央をなぞっていくイメージで書いていくと仕上がりもよいようです。斜め方向への線引き、曲線などは、線が見本からはみ出さないように練習しておきましょう。運筆の問題では、筆記用具の使い方や書いている姿勢などもチェックされることがあります。神経質になる必要はありませんが、「正しいもの」を身に付けておきましょう。

【おすすめ問題集】

Ｊｒ・ウォッチャー51「運筆①」、52「運筆②」

問題31　分野：言語

語彙

〈準　備〉　クーピーペン（青）

〈問　題〉　言葉の真ん中に小さな「っ」が入る言葉に○、最後が「ん」で終わる言葉に△をつけてください。

〈時　間〉　30秒

〈解　答〉　○：ラッパ、切手、コップ　△：ダイコン、ペンギン

［2017年度出題］

学習のポイント

語彙を増やすには毎日の生活の中で興味を持ったものや、経験したことを言葉にするのが効果的です。絵を描いたり、言葉カードを使って視覚化するとさらに記憶に残りやすくなります。その際には正確に、一般的な名称で覚えること、「音」という概念を意識するとよいでしょう。言葉は「音」のつながりであることを理解させておくと、本問の『「っ」が入っている言葉』と『「ん」で終わる言葉』を同時に探すという作業もスムーズに行えるのではないでしょうか。最近は言語分野の問題の出題方法も「しりとり」ばかりでなく、工夫されたものが多くなっています。対策学習は万全にしておきましょう。

【おすすめ問題集】

Ｊｒ・ウォッチャー17「言葉の音遊び」、18「いろいろな言葉」

問題32　分野：制作

聞く　協調

〈準備〉　クレヨン（12色）１セット、画用紙（画用紙には動物園の柵をいくつか描いておく）

〈問題〉　この問題の絵はありません。
（３～４人程度のグループで行う。あらかじめ準備した画用紙とクレヨンを渡しておく）
画用紙に、クレヨンで動物の絵を描いてください。
何を描くかは、グループの中で話し合って決めてください。
出来上がったら、「できました」と先生に言いましょう。

〈時間〉　適宜

〈解答〉　省略

［2017年度出題］

学習のポイント

注目すべきなのは、クレヨンがグループに１セットしかないことです。どのように貸し借りをして絵を描いていくかということになります。当然ですが、この問題は協調性が観点で、創造性や巧緻性はそれほど重要視されていないでしょう。はじめて会ったお友だちと遊ぶと、ふだんと違うお子さまの行動が出てしまうかもしれませんが、意欲を持ってキビキビと行動することを目指し、新しいことに積極的に取り組んでいれば、問題なく行動できるはずです。無理にリーダーシップをとる必要はありません。お友だちの言ったことを理解し、思いやりを持って行動できていれば問題ないでしょう。

【おすすめ問題集】
Ｊｒ・ウォッチャー24「絵画」、29「行動観察」

問題33　分野：お話の記憶

聞く　集中

〈準備〉　鉛筆

〈問題〉　**この問題の絵は縦に使用してください。**
お話をよく聞いて後の質問に答えましょう。

冬の寒い朝のことです。ウサギさんはキャベツ２個、カブ１個、ジャガイモ３個を、紫色のカゴに入れて家を出発しました。ロバさんの家に届けるのです。森の外れにあるロバさんの家に着くと、ロバさんはちょうど出かけるところでした。ウサギさんはロバさんにカゴに入っている野菜を渡しました。ロバさんは、「ありがとう」と言って受け取ると、ジャガイモが１個とキャベツ１個が入っている自分のリュックにウサギさんがくれた野菜を入れました。ロバさんは、ウサギさんに「これから、ヒツジさんの家に行くんだ」と言って、早足で森の中に歩いていきました。
ロバさんが湖のほとりにあるヒツジさんの家に着くと、ヒツジさんは出かける支度をしていました。ロバさんは持っている野菜を渡しました。ヒツジさんはジャガイモ１個とカブが１個入っている袋にロバさんからもらった野菜を入れました。「今からシカさんの家に行くんだ」とヒツジさんはロバさんに言って、山のふもとのシカさんの家に歩きだしました。
ヒツジさんがシカさんの家に着くと、シカさんは家の前にいました。「待っていたよ」とシカさんはヒツジさんに言いました。「これからウサギさんの家に野菜を届けるんだ」と言って、ヒツジさんからもらった野菜を自分のマフラーで包みました。「そうだこれも持って行こう」と、シカさんはジャガイモを２つ、ポケットから出していっしょにしました。「ヒツジさん、どうもありがとう」シカさんはウサギさんの家の方に走って行きました。
ロバさんの家から帰ってきたウサギさんが家でお茶を飲んでいると、シカさんが玄関の呼び鈴を鳴らしました。「シカさんに野菜をもらったからおすそわけを持ってきたよ」と言ってマフラーから野菜を取り出しました。

（問題33－１の絵を渡す）
①最後にウサギさんの家に届いたジャガイモ、キャベツ、カブはいくつだったでしょう。それぞれの絵の右横の四角に、その数だけ○を書いてください。
②お話に出てきた動物に○をつけてください。
③それぞれの動物と野菜を持っていった道具を線で結んでください。
（問題33－２の絵を渡す）
④１番上の段のようにカブ１個はジャガイモ３個と同じ重さです。
上から２段目のようにジャガイモ３つとカブ２個がある時、これより重いものを１番下の段から見つけて○をつけてください。

〈時間〉　①１分　②③各30秒　④１分

〈解答〉　下図参照

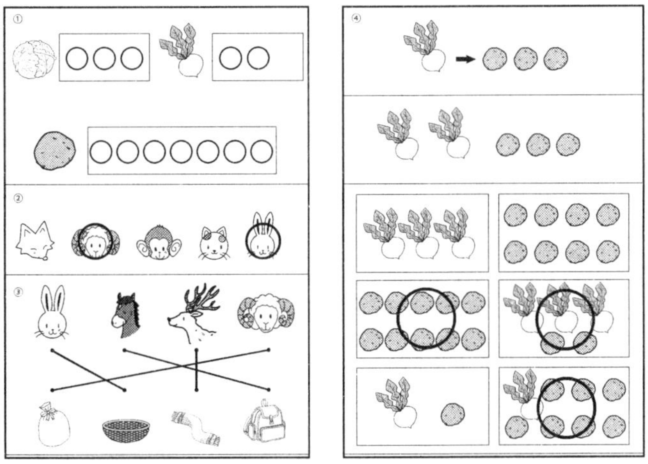

［2016年度出題］

学習のポイント

登場人物が多く、「数」について記憶しなければならないので、お話の記憶としては複雑な部類の問題と言えます。このような出題パターンの場合、聞く力、記憶力、集中力が特に必要です。お話を記憶するために必要なこれらの力は、一朝一夕には身に付きませんので、当校を志望される方はふだんから読み聞かせを充分に行うことを心がけてください。毎日少しずつ読み聞かせを行うことで、徐々にお話を集中して聞けるようになるとともに、お話を聞くコツをつかんでいきます。読み聞かせが終わった後に内容について質問するなどして、お子さまがお話を聞いているか、理解しているかを確認しながら、練習していってください。なお、④の質問は、ストーリーを把握してなくとも答えられる置き換えの問題です。数量分野の問題1つとして最近入試での出題がよく見られますから、充分に理解できないようであれば、まずはその考え方を類題から学んでください。

【おすすめ問題集】

1話5分の読み聞かせお話集①・②、お話の記憶 初級編・中級編・上級編

問題34　分野：言語（しりとり）

知識　語彙

〈準備〉　鉛筆

〈問題〉　1番左の四角からしりとりをします。四角の中がすべて埋まるように、四角の下にある●と、その場所に入る絵を線で結んでください。

〈時間〉　1分

〈解答〉　下図参照

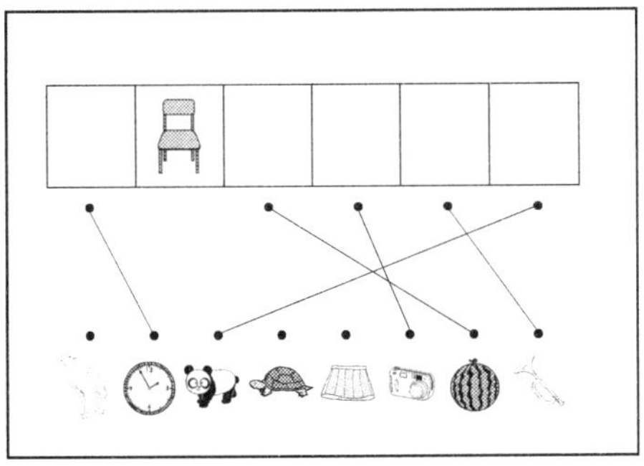

［2016年度出題］

学習のポイント

しりとりは、語彙の豊かさが求められる問題です。お子さまがはじめて見るものに興味を持たせ、目にするものを正確な名称や言葉で覚えられるようにすることが大切です。本の読み聞かせや図鑑、絵本などにたくさん触れることも、語彙力の伸長には不可欠です。しりとりだけでなく、同頭音語や同尾音語など、さまざまな条件を付けた遊びを通して、豊かな語彙力や知識を培っていきましょう。問題の中にわからないものがある時は、そのままにせず、図鑑などですぐに調べるようにするとよいでしょう。「わからないことはすぐに調べる」という姿勢は、後々の学習において非常に大切です。なお、このように空欄のたくさんあるしりとりはかなり難易度の高い問題と言えます。語彙の豊かさ以外に、「言葉をどのような順序で並べると矛盾がないか」を考えるための思考力を求められるからです。混乱しないようにするには、まずはすでに描かれている絵を基準にして、その前後に入る絵を考えるという、オーソドックスな解き方が効果的です。

【おすすめ問題集】

Ｊｒ・ウォッチャー17「言葉の音遊び」、18「いろいろな言葉」、49「しりとり」

問題35　分野：推理（系列）

観察　考え

〈準備〉　鉛筆

〈問題〉　あるお約束にしたがって、四角形の中に形が並んでいます。太くなっている枠の中にあてはまる形を書いてください

〈時間〉　１分

〈解答〉　下図参照

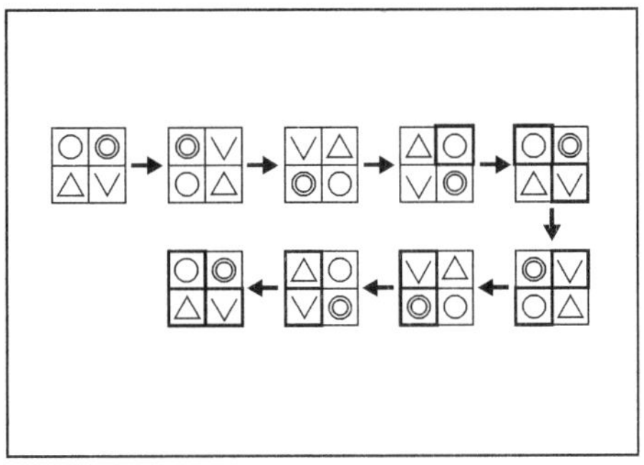

[2016年度出題]

学習のポイント

系列の問題です。完成させるには、どのような約束で並んでいるかを前後（上下左右）のパターンから推理し、空所に入るものを考えなければなりません。まずは約束を見つけることが重要ですが、約束を見つけるためには次の方法を試すとよいでしょう。同じ形や絵を２つ探して別々の指でおさえ、その手の形のままずらすようにして前後させながら、空所に入るものを特定してください。ただし、このやり方ですと本問の場合かなり指を器用に動かさないと解答できませんから、慣れていないとかえって難しくなってしまうかもしれません。基礎の段階ではハウツーは有効ですが、少しひねった問題になると混乱する原因にもなります。基本の学習方法（多くの類題にあたって「お約束を考える・発見する」という考え方）で理解したほうが次の学習へつながるということでしょう。

【おすすめ問題集】
　Ｊｒ・ウォッチャー６「系列」

問題36　分野：見る記憶

観察　集中

〈準備〉　鉛筆

〈問題〉　絵を見せますから、よく見て覚えてください。
（問題36－１の絵を１分間見せてから伏せ、問題36－２の絵を渡す）

先ほどの絵に描かれていて、渡した絵に描かれていないものがあります。
渡した絵に前の絵にあったものを描いてください。

〈時間〉　２分

〈解答〉　省略

［2016年度出題］

学習のポイント

「見る記憶」の問題には、脈絡なく置かれたものを見て記憶する形式の出題や、１つの風景の中にあるものを記憶する形式の出題などがありますが、本問はあまり出題例のない記入式の問題です。見る記憶の問題は、いずれの場合でも、限られた時間の中で、すばやく全体に目を通す必要がありますが、本問の場合は記入するのでより詳細な記憶が必要になります。しかし、端からていねいに見ながら覚えようとすると、すぐに時間切れとなって絵は伏せられてしまい、どこに何があったか、ほとんど記憶できていないということにもなりかねません。こういう問題こそ、はじめから細部を確認しようとするのではなく、まず全体像をつかむ練習をしてください。絵を１枚の映像として写真のようにとらえるのですが、ただひと口に「写真のように」と言っても、それほど簡単にいくものではありません。根気よく、少しずつ繰り返し練習して慣れていってください。

【おすすめ問題集】
　Ｊｒ・ウォッチャー20「見る記憶・聴く記憶」

問題37　分野：推理（条件迷路）

観察　集中

〈準備〉　鉛筆

〈問題〉　落ちている☆を３つ拾って、ウサギさんをケーキのある場所まで連れて行ってください。寄り道をしてはいけません。まず、最初に指でなぞった後、鉛筆で通った道を書いてください。

〈時間〉　１分

〈解答〉　下図参照

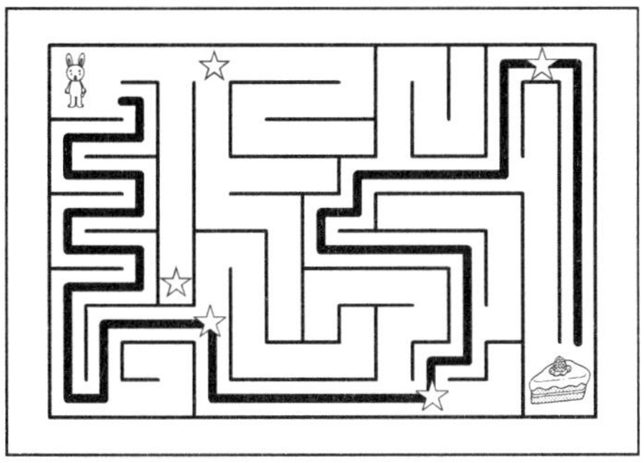

［2016年度出題］

学習のポイント

迷路の問題を解くには、観察力や記憶力、思考力、集中力などさまざまな力が要求されます。加えて、本問の場合は「☆を拾う」「寄り道をしない」という２つの条件を満たさなければならないため、より要求が多くなっています。ただ出口を目指せばよいというわけではありません。とは言え、難易度はそれほど高くありません。時間制限はありますが、ふだんからこういった迷路に親しんでいれば、充分に対応できるレベルです。迷路で通った道順を書く作業は、上述したような力を養うだけでなく、細いところを通ったりさまざまな角度や半径で曲がったりと筆記具を細かく操作しなければならないため、筆記具の扱いが自然と上達します。多くのお子さまが好む遊びですので、積極的に取り入れるとよいでしょう。線を引きながら道を探すのではなく、目や指先である程度進路を確認してから線を書き始めるようにすると、仕上がりがきれいになり、時間の短縮にもつながります。

【おすすめ問題集】

Ｊｒ・ウォッチャー７「迷路」、51「運筆①」、52「運筆②」

問題38　分野：常識（理科）

知識

〈準備〉　鉛筆

〈問題〉　①上の段の動物の尻尾と真ん中の動物を正しく線で結んでください。
②下の段の動物の足跡と真ん中の動物の尻尾を正しく線で結んでください。

〈時間〉　２分

〈解答〉　下図参照

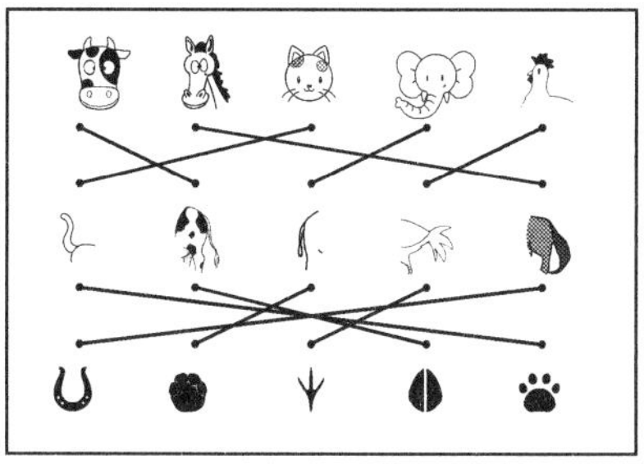

［2016年度出題］

学習のポイント

動物を見る機会は多くありますが、動物のしっぽや足跡にはあまり注目しませんから、記憶に残っていないこと多いでしょう。とは言え、当校に限らず、最近は動物の生態に関わる理科的常識の出題が増えていますから、準備は必要です。実物を見る機会があればよいですが、住んでいる場所によってはペットを見る機会さえ少ないでしょう。そういった状況であれば、保護者の方が映像などの媒体を通してお子さまに動物の特徴や生態を知る機会を設けてあげてください。生態（どこに棲んでいる、何を食べている）についての出題も増えていますから、できれば生きている状態の映像をお子さまに見せてあげましょう。

【おすすめ問題集】
Ｊｒ・ウォッチャー27「理科」、55「理科②」

問題39　分野：推理（系列）

集中　考え

〈準備〉　鉛筆

〈問題〉　食べものの載っているテーブルが矢印の方向へ回ります。
①テーブルが回って、ライオンさんの前にオニギリがあります。この時、タヌキさんの前には何の料理がありますか。下の四角から、正しいものを選んで○をつけてください。
②テーブルが回って、キツネさんの前にサンドウィッチがあります。ゴリラくんの前に何があるでしょう。下の四角から、正しいものを選んで△をつけてください。

〈時間〉　各１分

〈解答〉　①オムライス　②おにぎり

［2016年度出題］

学習のポイント

あまり出題頻度は高くありませんが、「観覧車」に代表される円形の系列の問題も、入試では出題されることがあります。直線的に並んでいる系列とは違い、法則を見つけるのにこれといったハウツーはありませんから、１つずつ移動させて答えを見つけましょう。この問題のポイントは、①の場合は、「ライオンの前にオニギリがある」という文章から、「食べ物が右方向へ２つ移動している」ということがわかるかどうかということにあります。なお、この問題の場合は内側にある料理が移動するという設定になっていますが、外側の動物を移動させても同じ答えが出ます。わかりやすい方を選んでください。

【おすすめ問題集】
Ｊｒ・ウォッチャー６「系列」、31「推理思考」、50「観覧車」

問題40　分野：行動観察

聞く　協調　公衆

〈準備〉　はちまき、ボール、カゴ、カラーコーン、段ボール（風呂敷程度の大きさ）、風呂敷、運動着

〈問題〉　**この問題の絵はありません。**
（12名程度のグループで行う）
①「先生の言う通りに両手で体の部分を触ってください。『おでこ、おなか、ひじ、ひざ』」※２回ほど繰り返した後に、体育座りで待機する。
②（円形に座り、１人にはちまきを渡す）
「おなかにはちまきを巻き、固結びで留めてください。結んだらそれをほどいて隣の人に渡してください」
（途中ではちまきの本数を徐々に増やし、５本程度になるまで続ける）
③この部屋にあるもので自由に遊んでください
（ペットボトル、お手玉、牛乳パック、ブロック、ボール、モール、紙コップ、紙皿、トイレットペーパーの芯などがランダムに置いてある）

〈時間〉　①１分　②③適宜

［2016年度出題］

学習のポイント

12名のグループで運動を行います。運動の内容自体は難しいものではなく、日頃から体を動かして遊ぶことを楽しめていれば、特に対策を行う必要はないでしょう。特別に上手にできる必要もありません。こういったテストを通して観られるのは、まず課題に取り組む姿勢、すなわち指示を聞き、まじめに元気よくあきらめずに取り組んでいるかといった点です。そして、周囲との関わり方も重要なポイントです。１つのことを成し遂げるために、はじめて会うお友だちと相談したり力を合わせたりしなければなりません。お友だちと協力してものごとを進めるにあたって、どれだけ前向きに関われるか、どれだけ相手のことを尊重できるか、どれだけ自分を主張し、あるいは譲歩するかといった「主体性」「積極性」「協調性」も観られています。

【おすすめ問題集】
新運動テスト問題集、Ｊｒ・ウォッチャー28「運動」、29「行動観察」

聖心女子学院初等科　専用注文書

年　　月　　日

合格のための問題集ベスト・セレクション

＊入試頻出分野ベスト３

1st　推　理
思考力　観察力

2nd　常　識
知　識　語彙力

3rd　行動観察
協調性　積極性

ペーパーは、推理、常識を中心に幅広い分野から出題。以前に比べると取り組みやすくなってはいるもの、時折、難問が出題されることもあるので、しっかりと対策をとっておくようにしましょう。

分野	書　名	価格(税抜)	注文	分野	書　名	価格(税抜)	注文
図形	Ｊｒ・ウォッチャー 4「同図形探し」	1,500 円	冊	図形	Ｊｒ・ウォッチャー 46「回転図形」	1,500 円	冊
推理	Ｊｒ・ウォッチャー 6「系列」	1,500 円	冊	推理	Ｊｒ・ウォッチャー 47「座標の移動」	1,500 円	冊
常識	Ｊｒ・ウォッチャー 12「日常生活」	1,500 円	冊	推理	Ｊｒ・ウォッチャー 50「観覧車」	1,500 円	冊
数量	Ｊｒ・ウォッチャー 14「数える」	1,500 円	冊	巧緻性	Ｊｒ・ウォッチャー 51「運筆①」	1,500 円	冊
言語	Ｊｒ・ウォッチャー 17「言葉の音遊び」	1,500 円	冊	巧緻性	Ｊｒ・ウォッチャー 52「運筆②」	1,500 円	冊
言語	Ｊｒ・ウォッチャー 18「いろいろな言葉」	1,500 円	冊	図形	Ｊｒ・ウォッチャー 54「図形の構成」	1,500 円	冊
巧緻性	Ｊｒ・ウォッチャー 24「絵画」	1,500 円	冊	常識	Ｊｒ・ウォッチャー 55「理科②」	1,500 円	冊
常識	Ｊｒ・ウォッチャー 27「理科」	1,500 円	冊	推理	Ｊｒ・ウォッチャー 57「置き換え」	1,500 円	冊
行動観察	Ｊｒ・ウォッチャー 29「行動観察」	1,500 円	冊	言語	Ｊｒ・ウォッチャー 60「言葉の音（おん）」	1,500 円	冊
推理	Ｊｒ・ウォッチャー 33「シーソー」	1,500 円	冊		1話5分の読み聞かせお話集①・②	1,800 円	各　冊
常識	Ｊｒ・ウォッチャー 34「季節」	1,500 円	冊		新運動テスト問題集	2,200 円	冊
図形	Ｊｒ・ウォッチャー 35「重ね図形」	1,500 円	冊		新ノンペーパーテスト問題集	2,600 円	冊
数量	Ｊｒ・ウォッチャー 37「選んで数える」	1,500 円	冊		新 小学校受験の入試面接Ｑ＆Ａ	2,600 円	冊
数量	Ｊｒ・ウォッチャー 41「数の構成」	1,500 円	冊		新 願書・アンケート文例集 500	2,600 円	冊

合計	冊	円

（フリガナ） 氏　名	電　話 ＦＡＸ E-mail
住 所　〒　　　－	以前にご注文されたことはございますか。 有　・　無

★お近くの書店、または記載の電話・FAX・ホームページにてご注文をお受けしております。
電話：03-5261-8951　FAX：03-5261-8953　代金は書籍合計金額＋送料がかかります。
※なお、落丁・乱丁以外の理由による商品の返品・交換には応じかねます。

★ご記入頂いた個人に関する情報は、当社にて厳重に管理致します。なお、ご購入の商品発送の他に、当社発行の書籍案内、書籍に関する調査に使用させて頂く場合がございますので、予めご了承ください。

日本学習図書株式会社
http://www.nichigaku.jp

問題 1

①

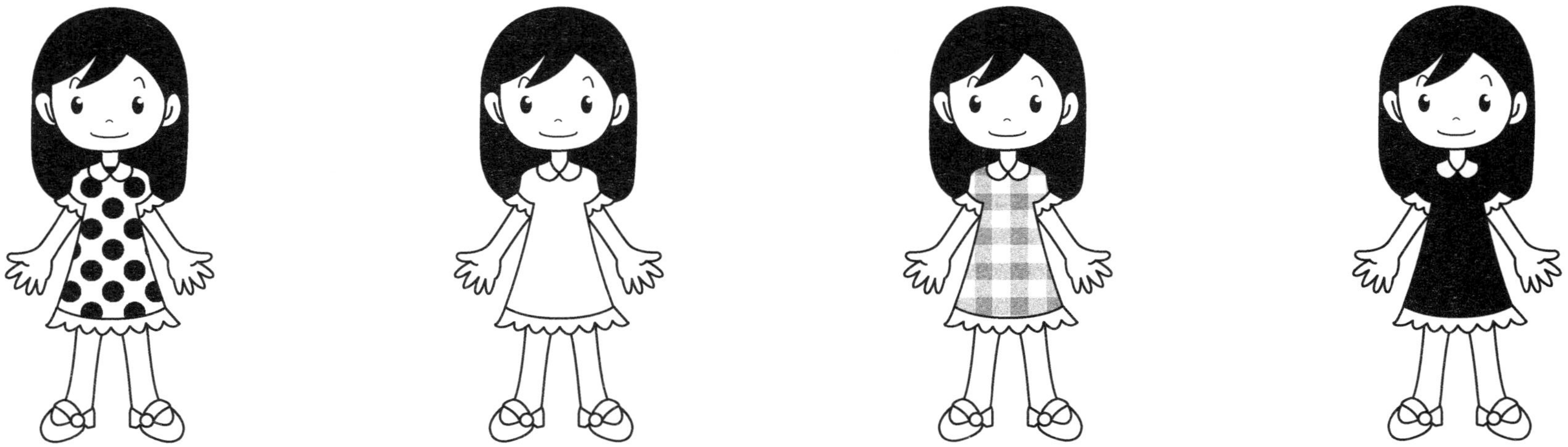

②

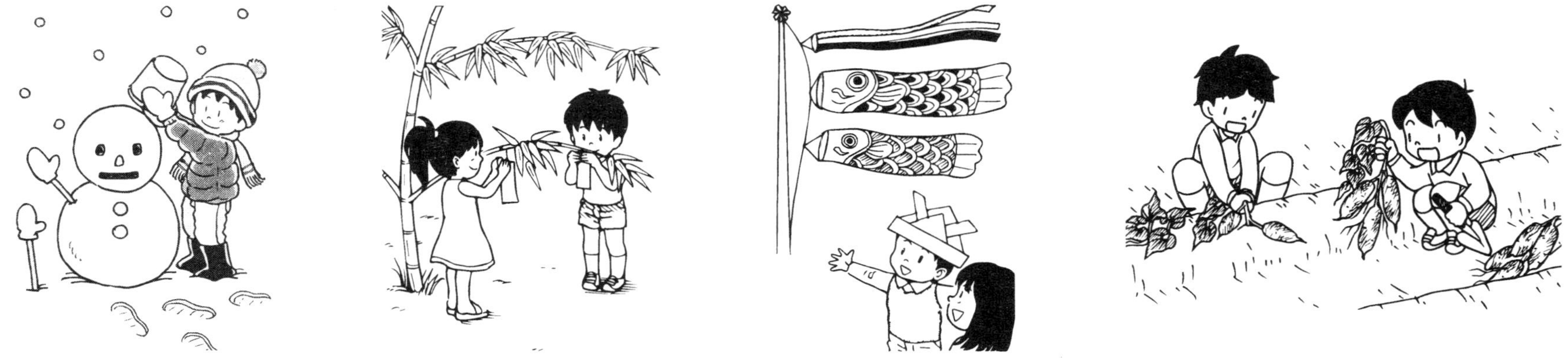

日本学習図書株式会社

問題2

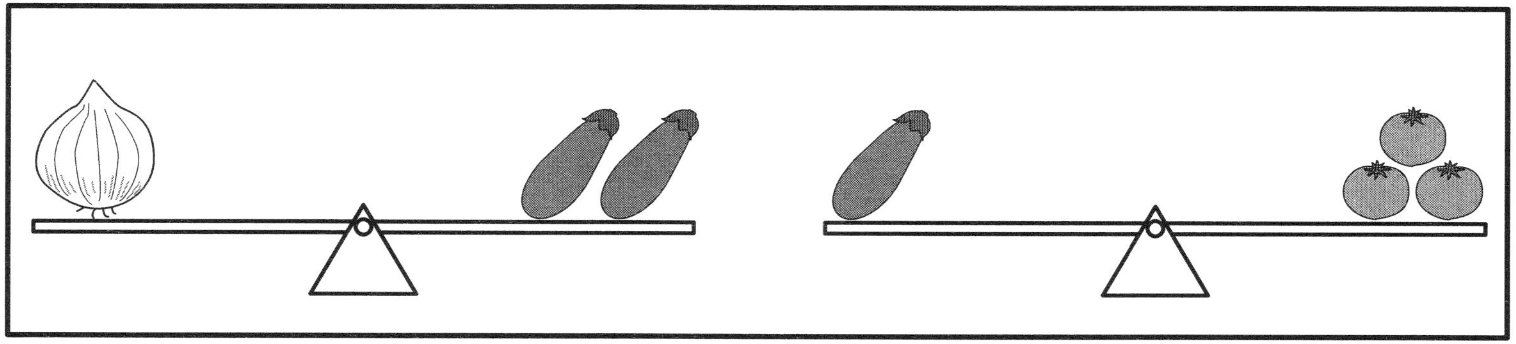

①

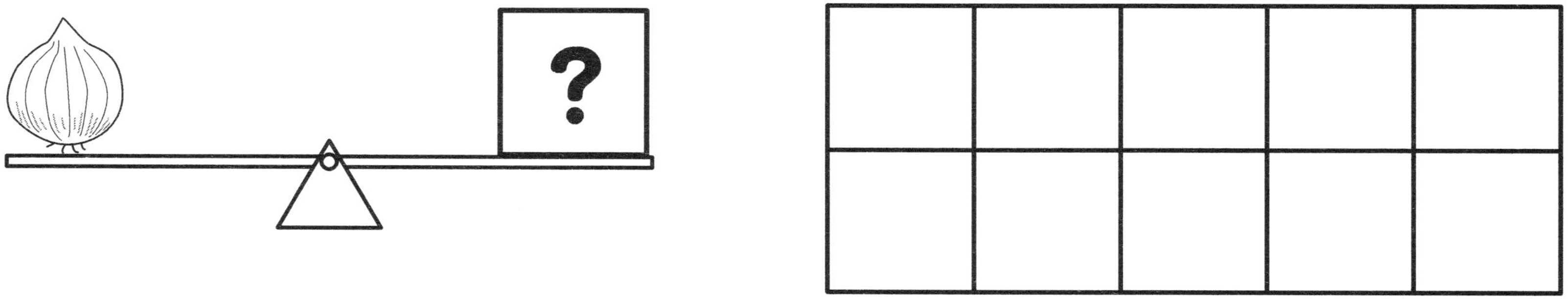

②

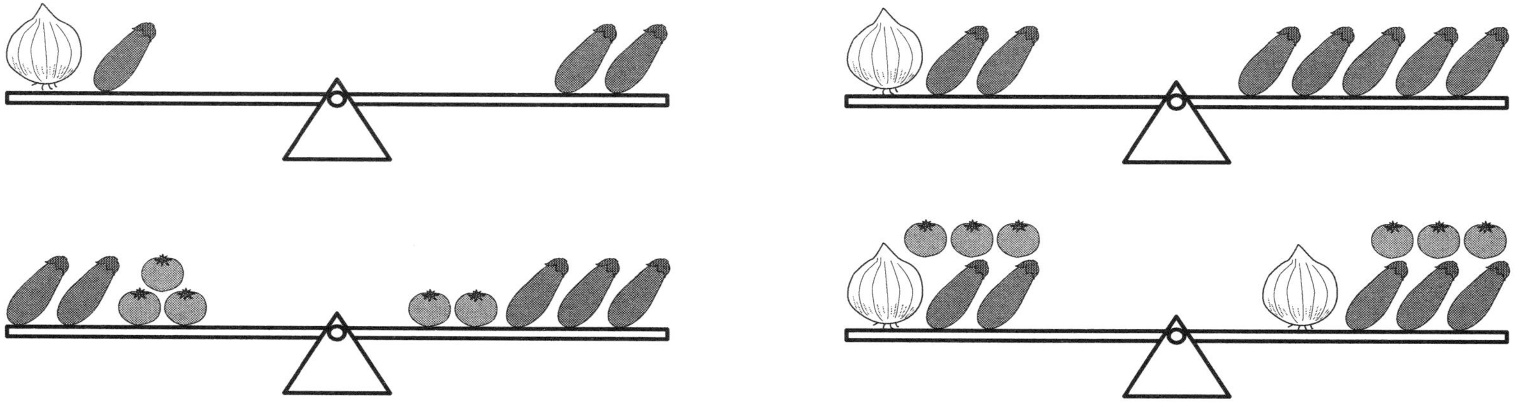

問題 3

①

②

③

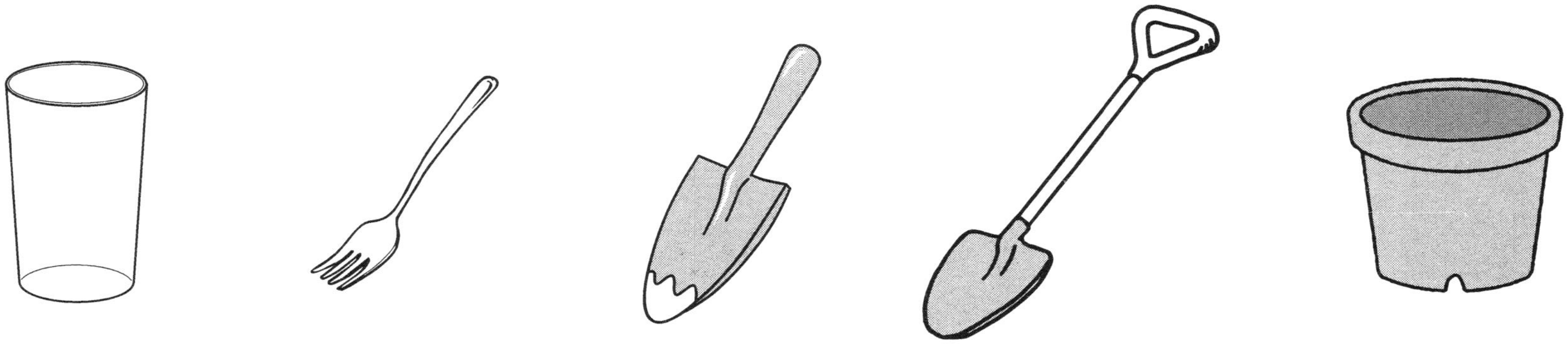

問題 4

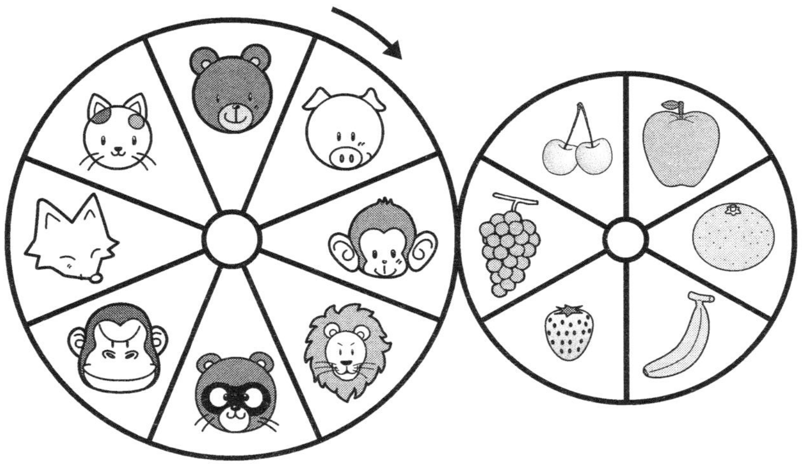

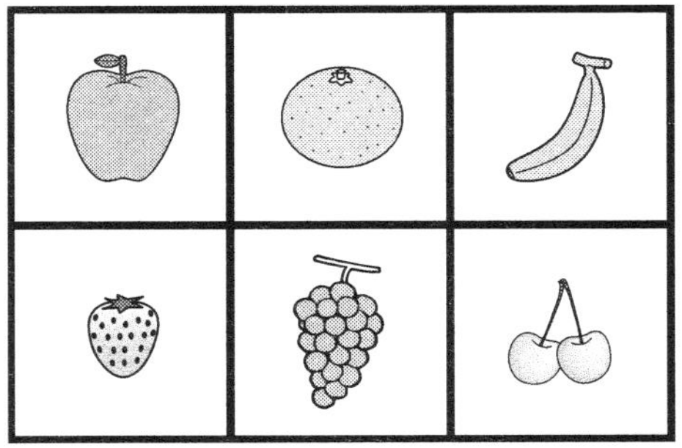

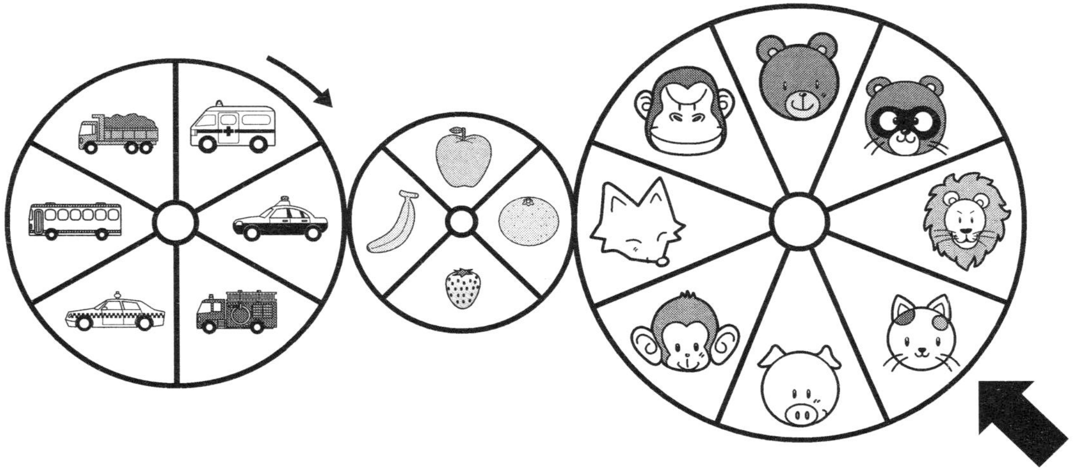

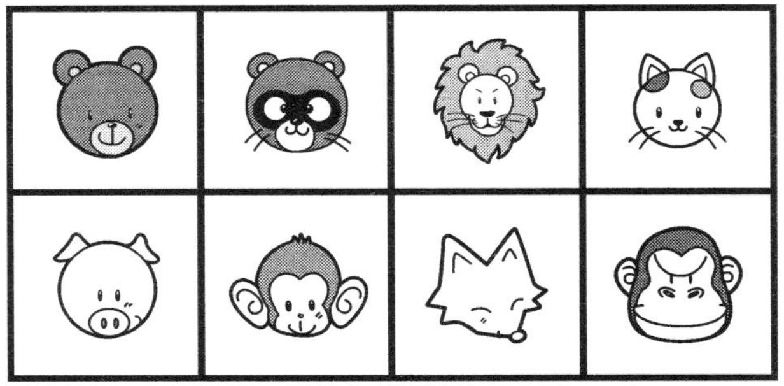

問題5

①

②

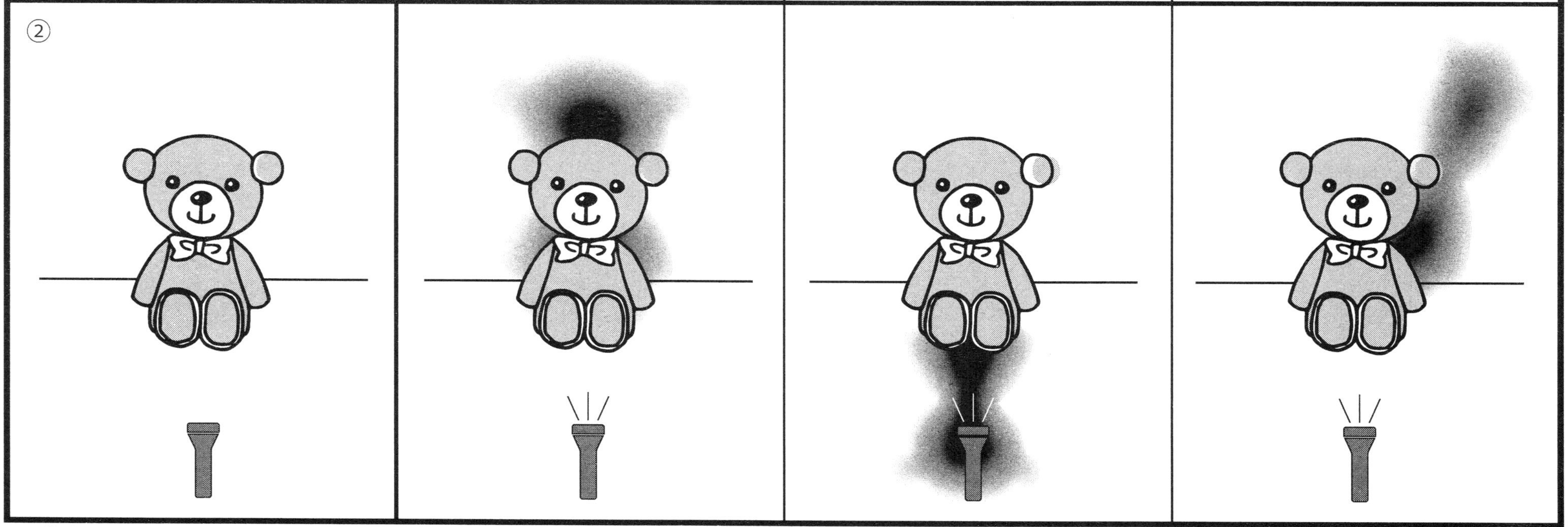

①

②

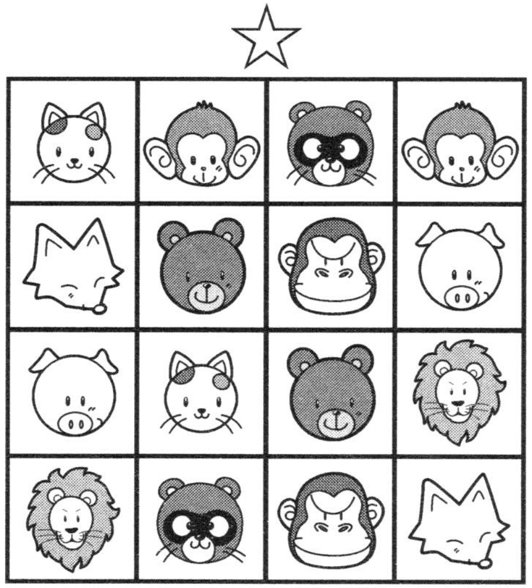

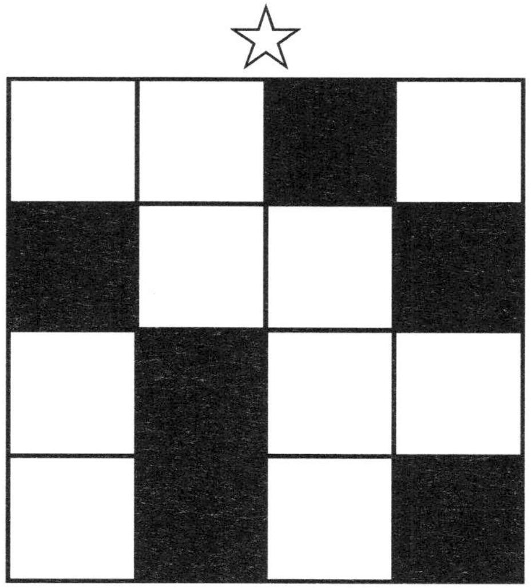

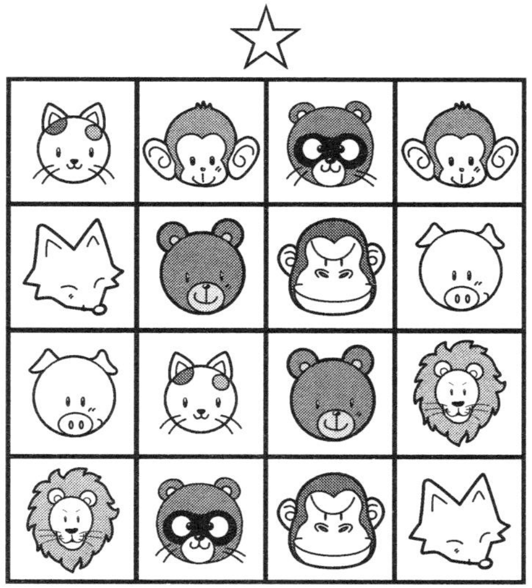

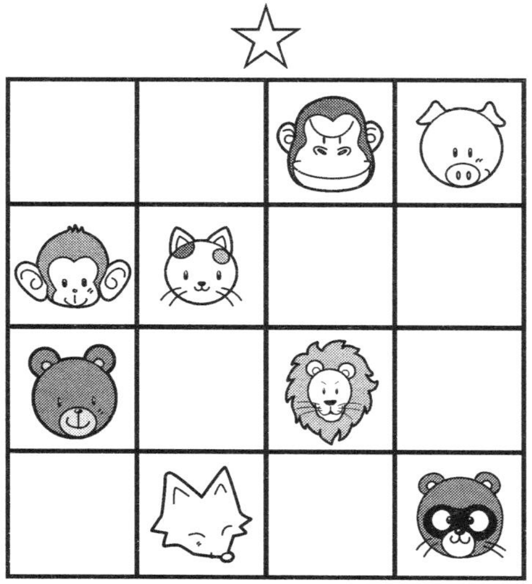

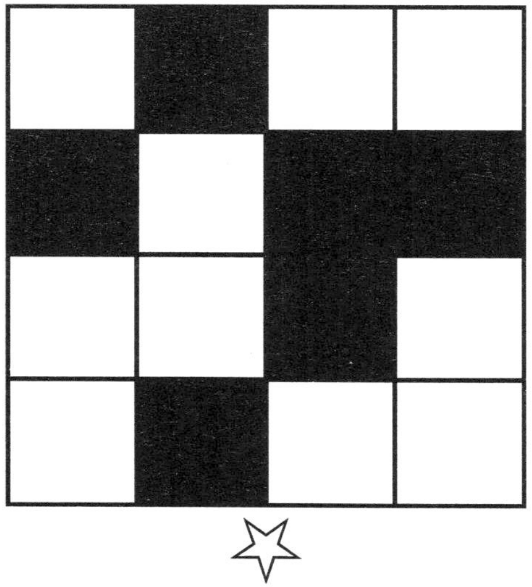

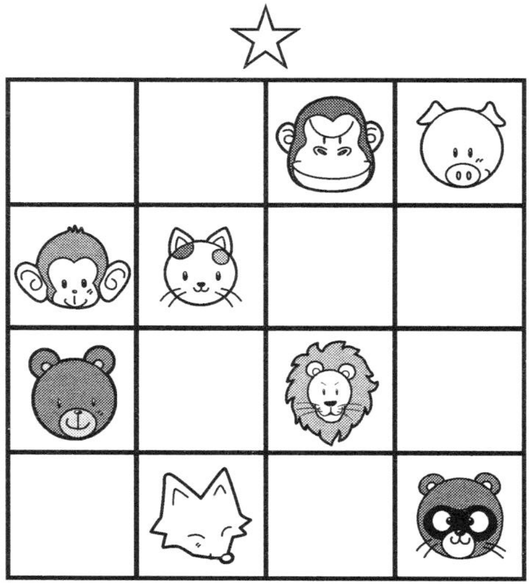

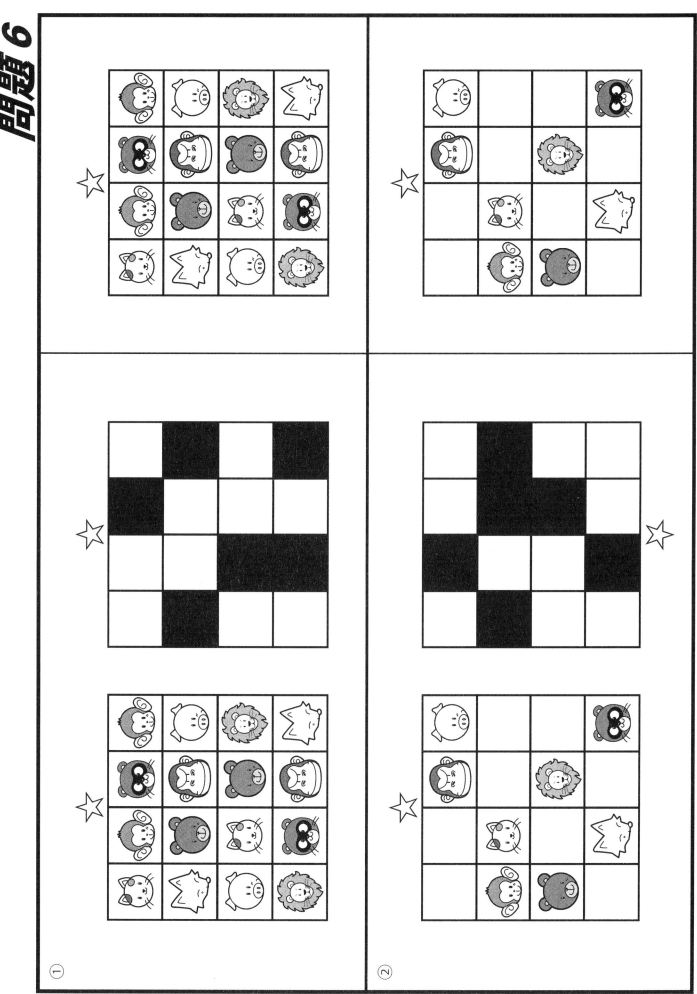

問題 7

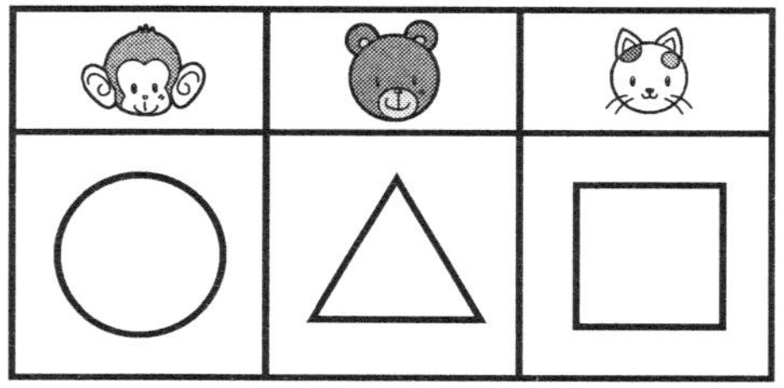

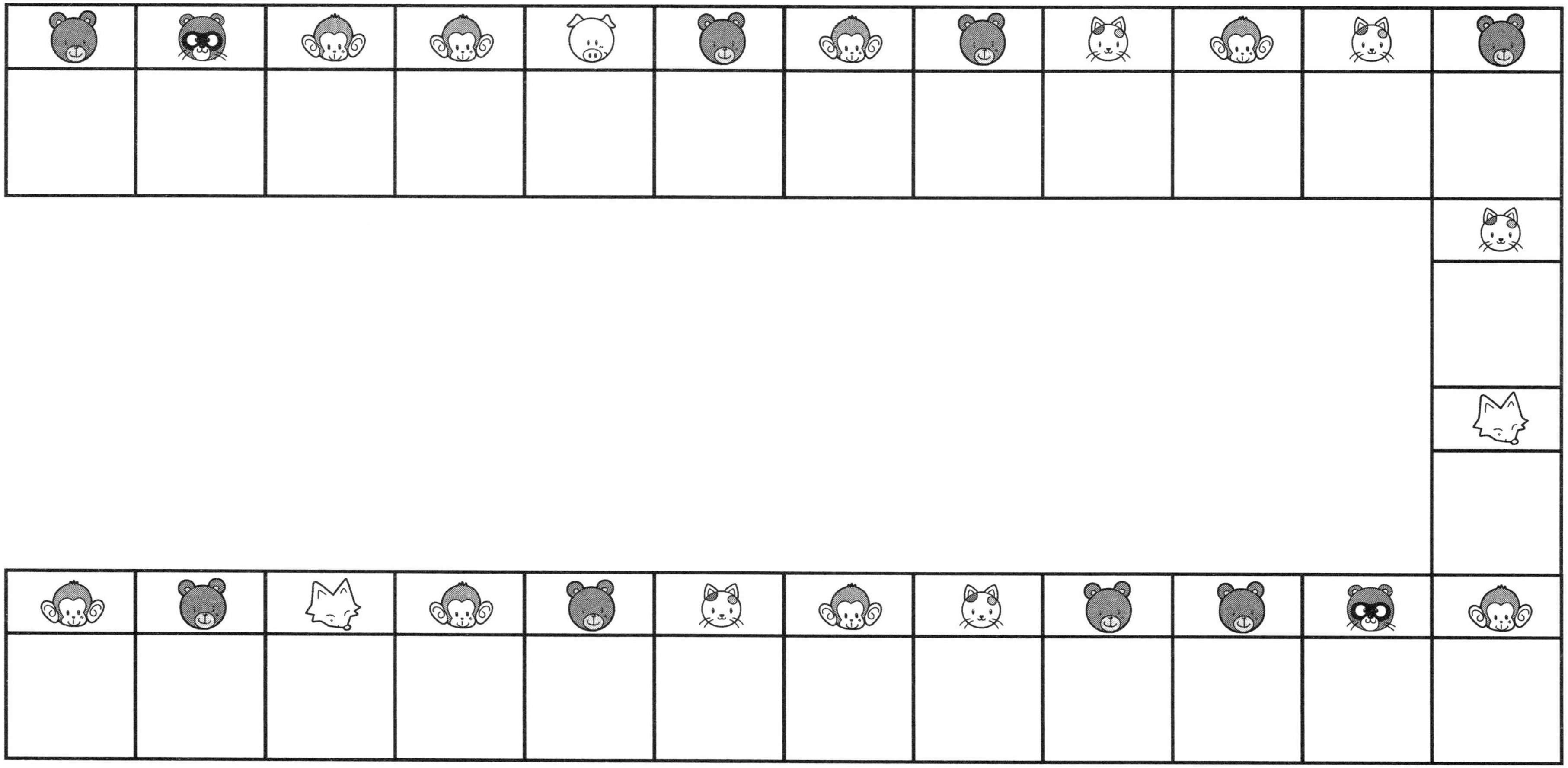

問題8

①

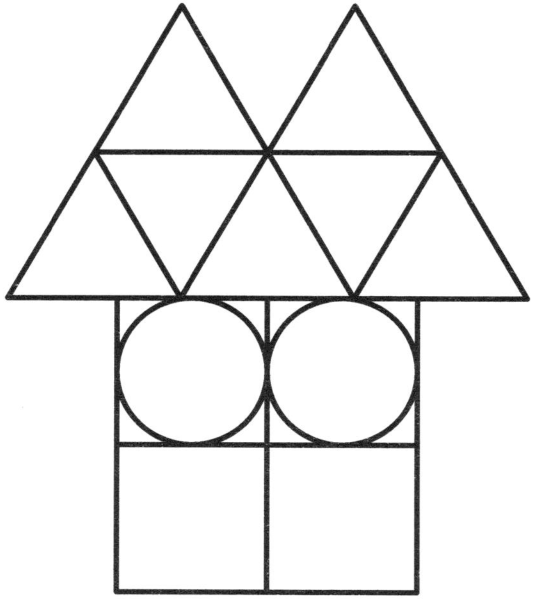

○	
△	
□	

②

●	
▲	
■	

日本学習図書株式会社

問題9

2021 聖心女子学院　過去　無断複製／転載を禁ずる　　日本学習図書株式会社

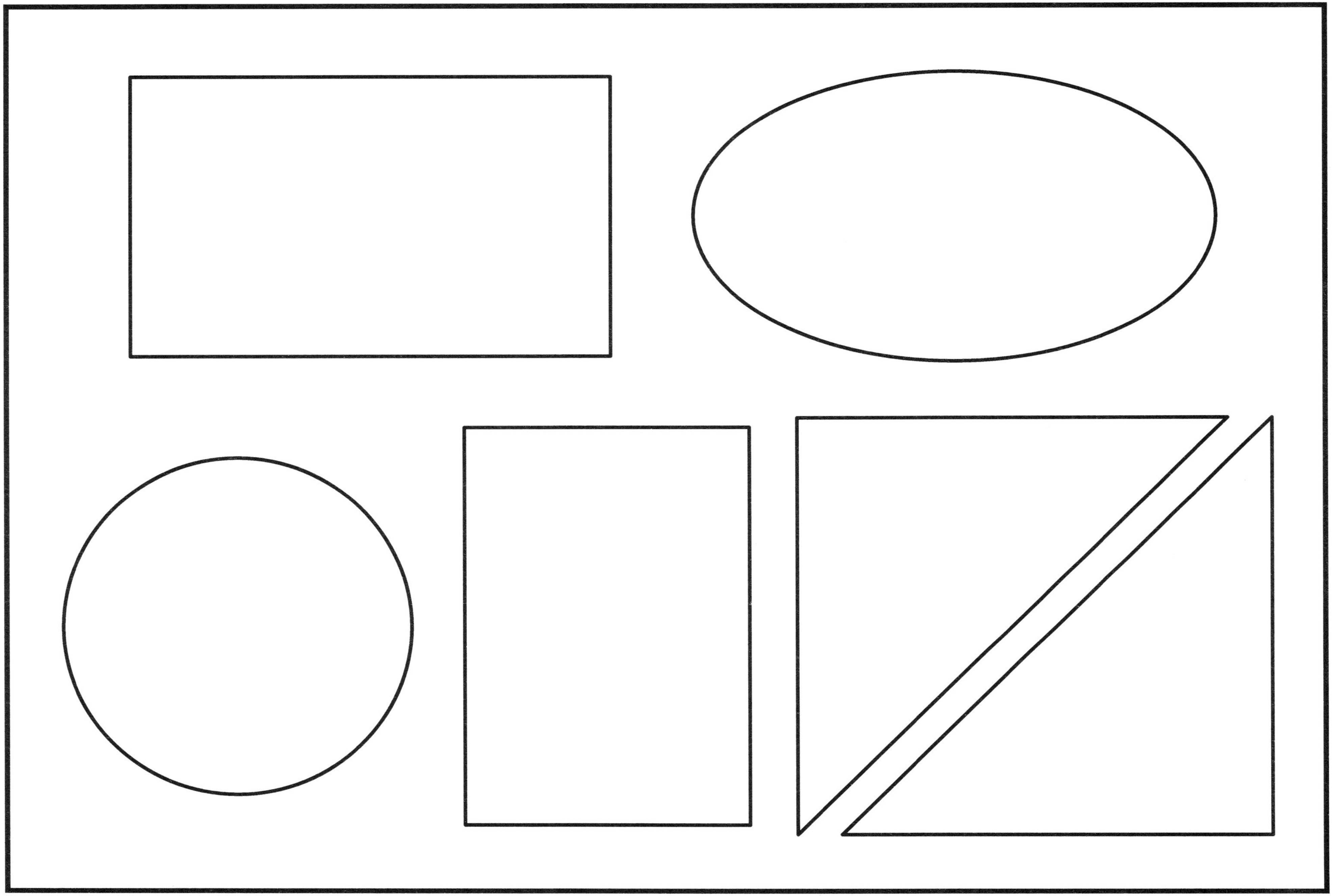

①

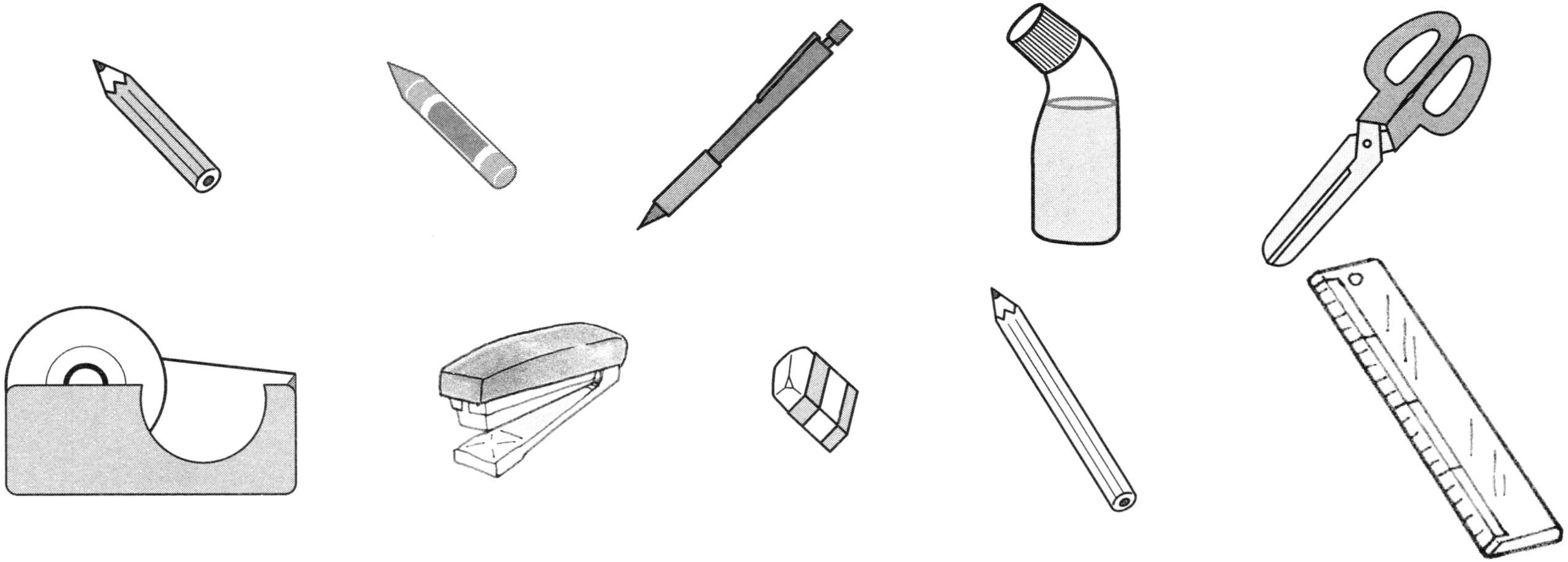

②

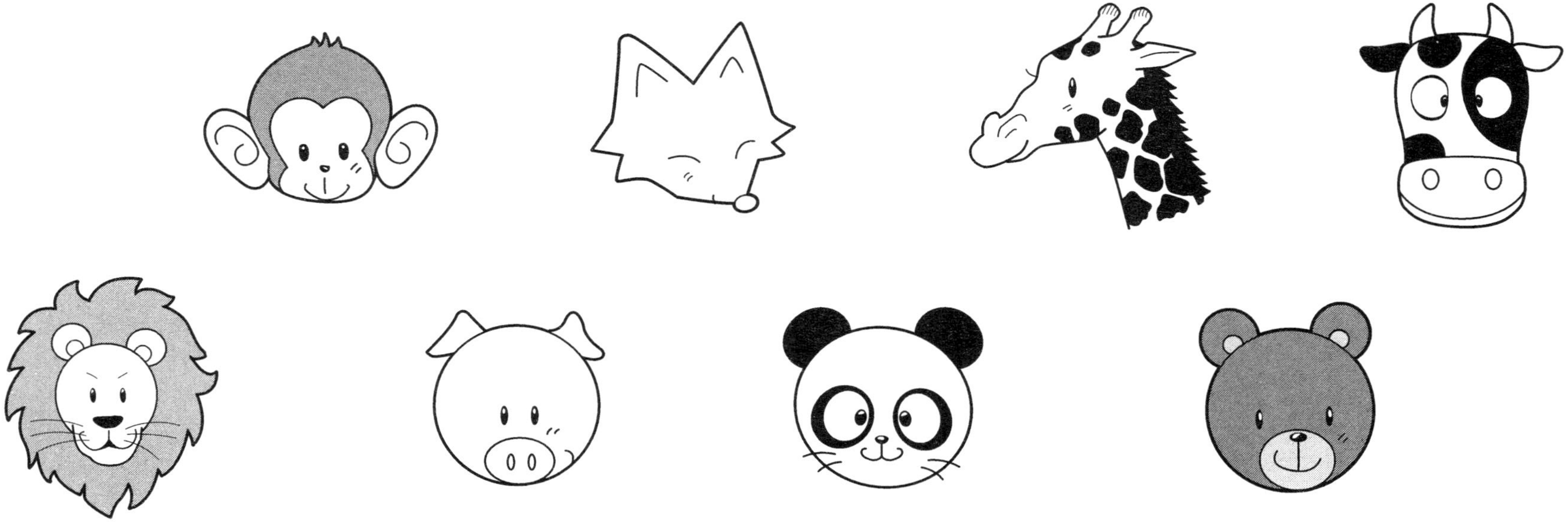

問題１４

①

②

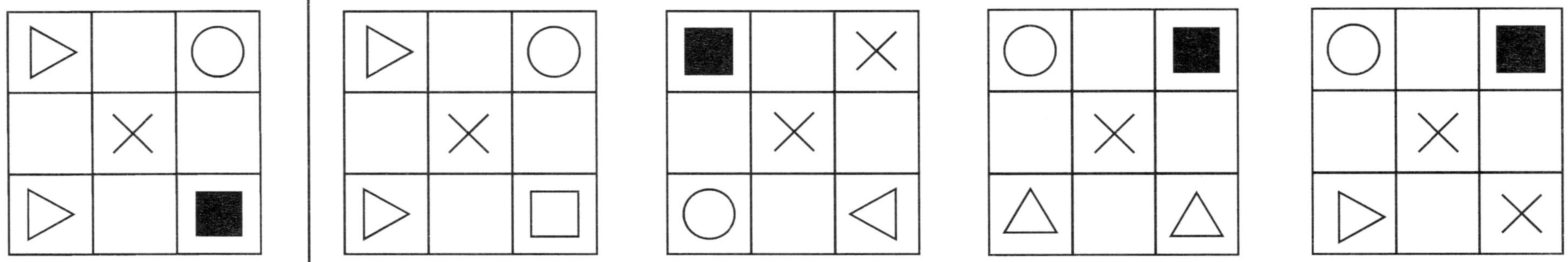

③

問題１５

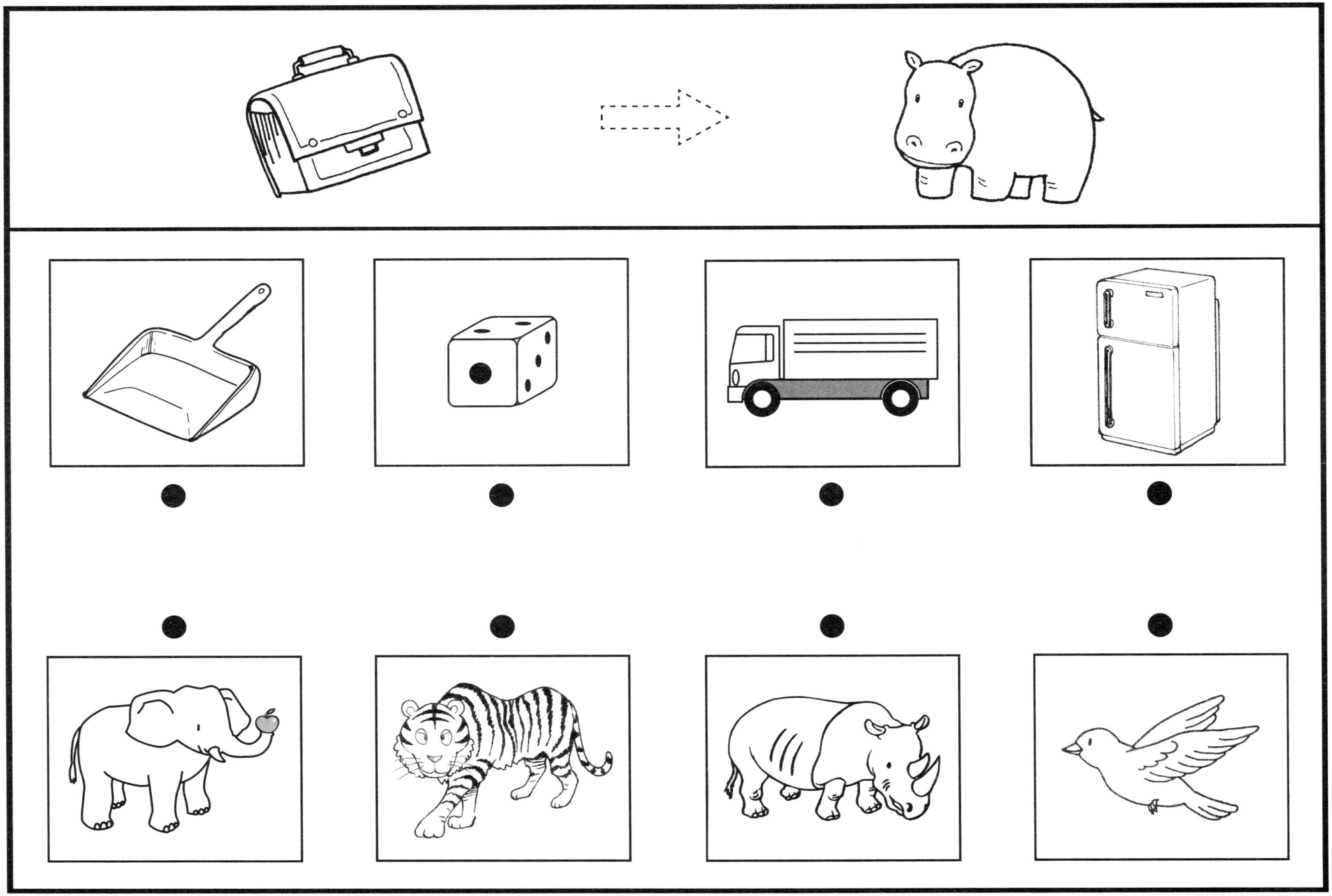

問題１６

①

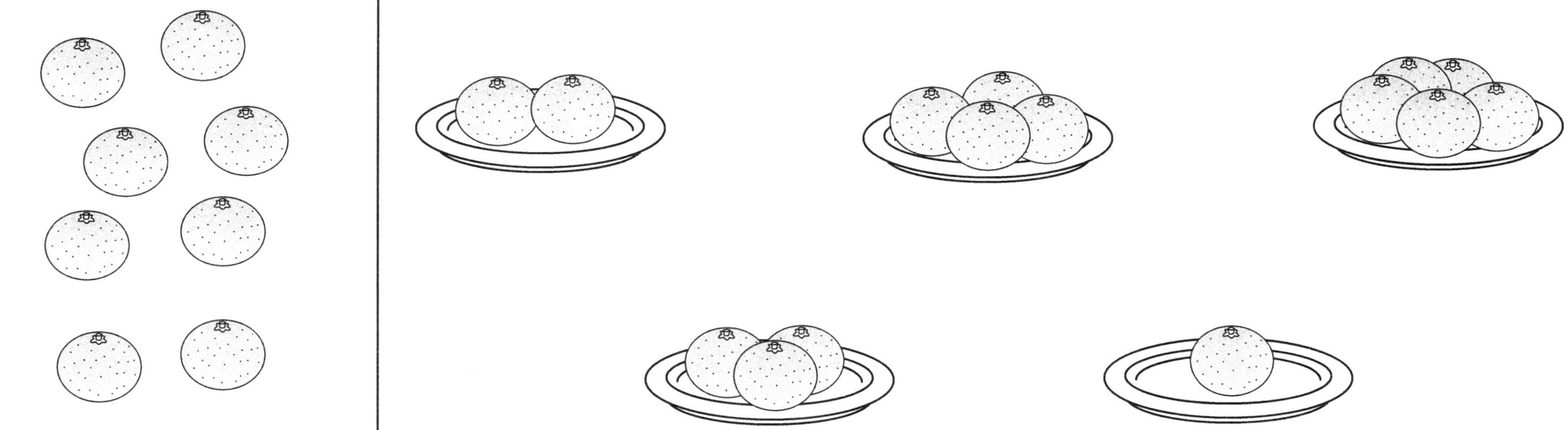

②

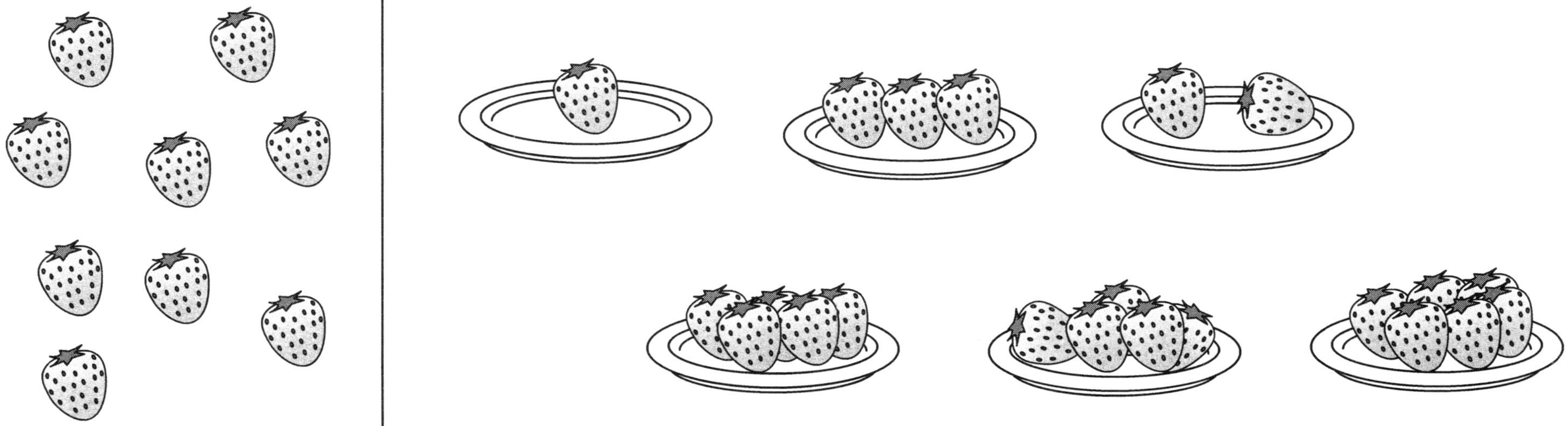

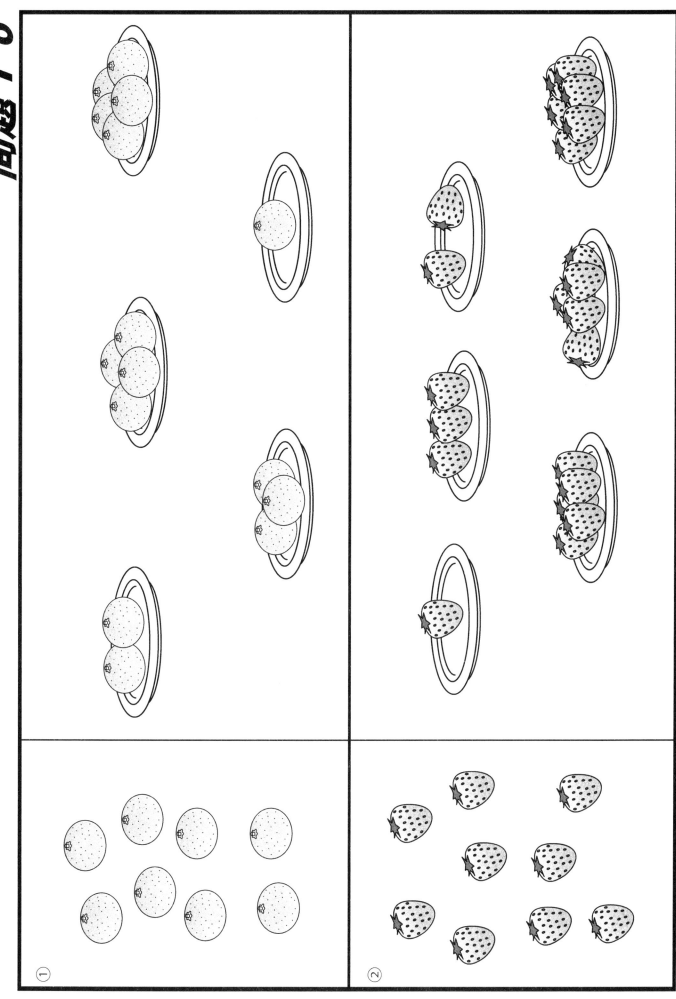

問題１７

2021 聖心女子学院　過去　無断複製／転載を禁ずる

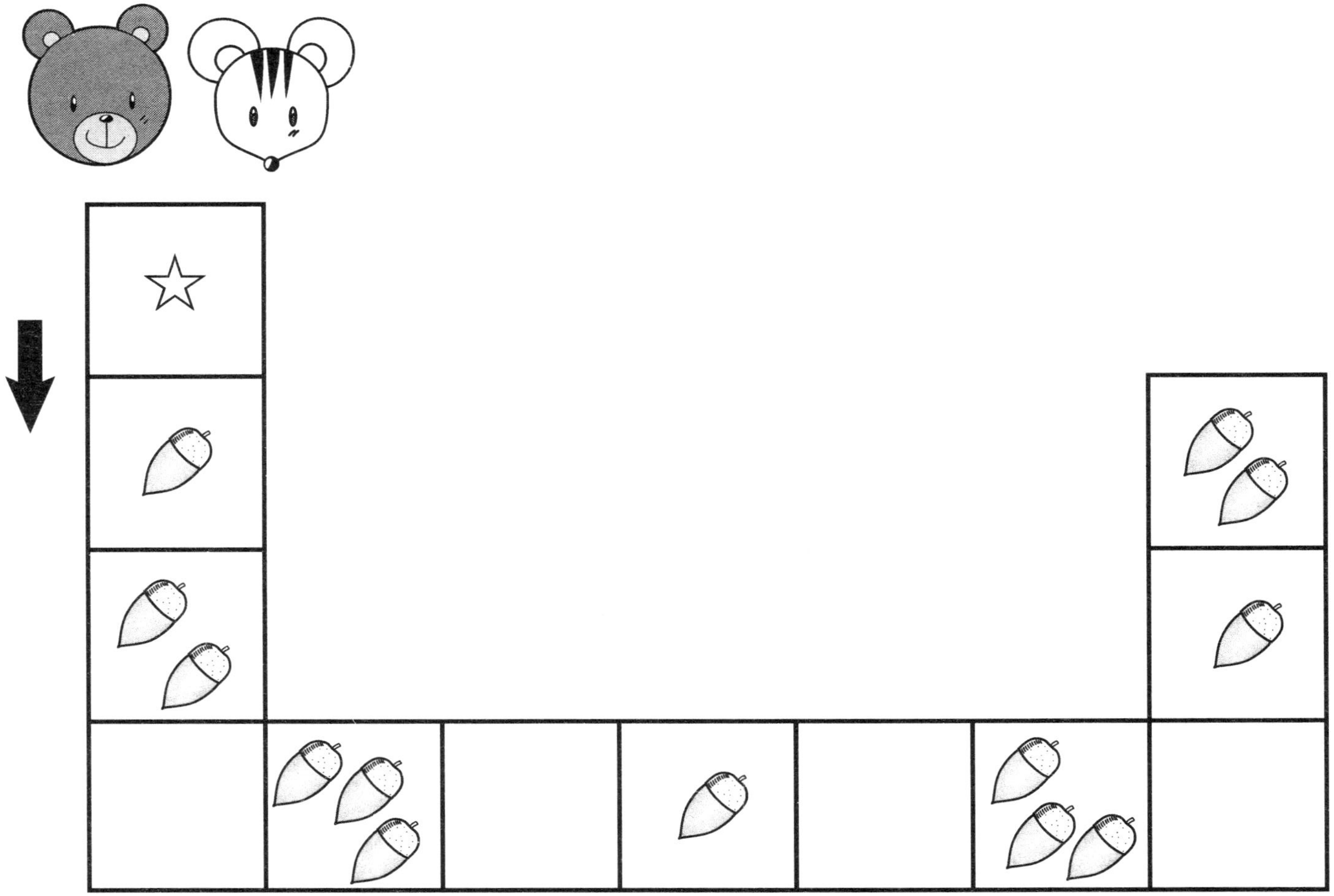

問題１９

①

②

③

④

問題２０

問題２１

①

②

③

④

⑤

⑥

⑦

⑧

問題２２

①

②

③

問題２４

①

②

③

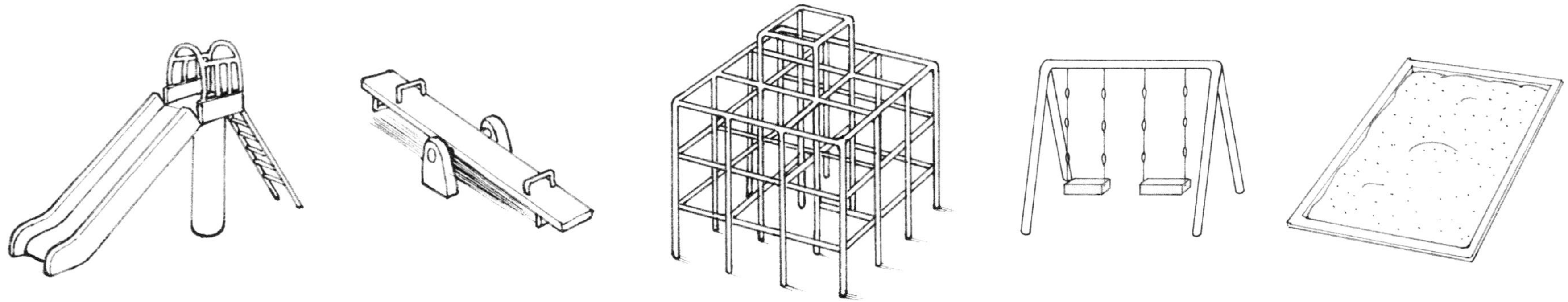

問題２５

問題２６

①

②

2021 聖心女子学院　過去　無断複製／転載を禁ずる　日本学習図書株式会社

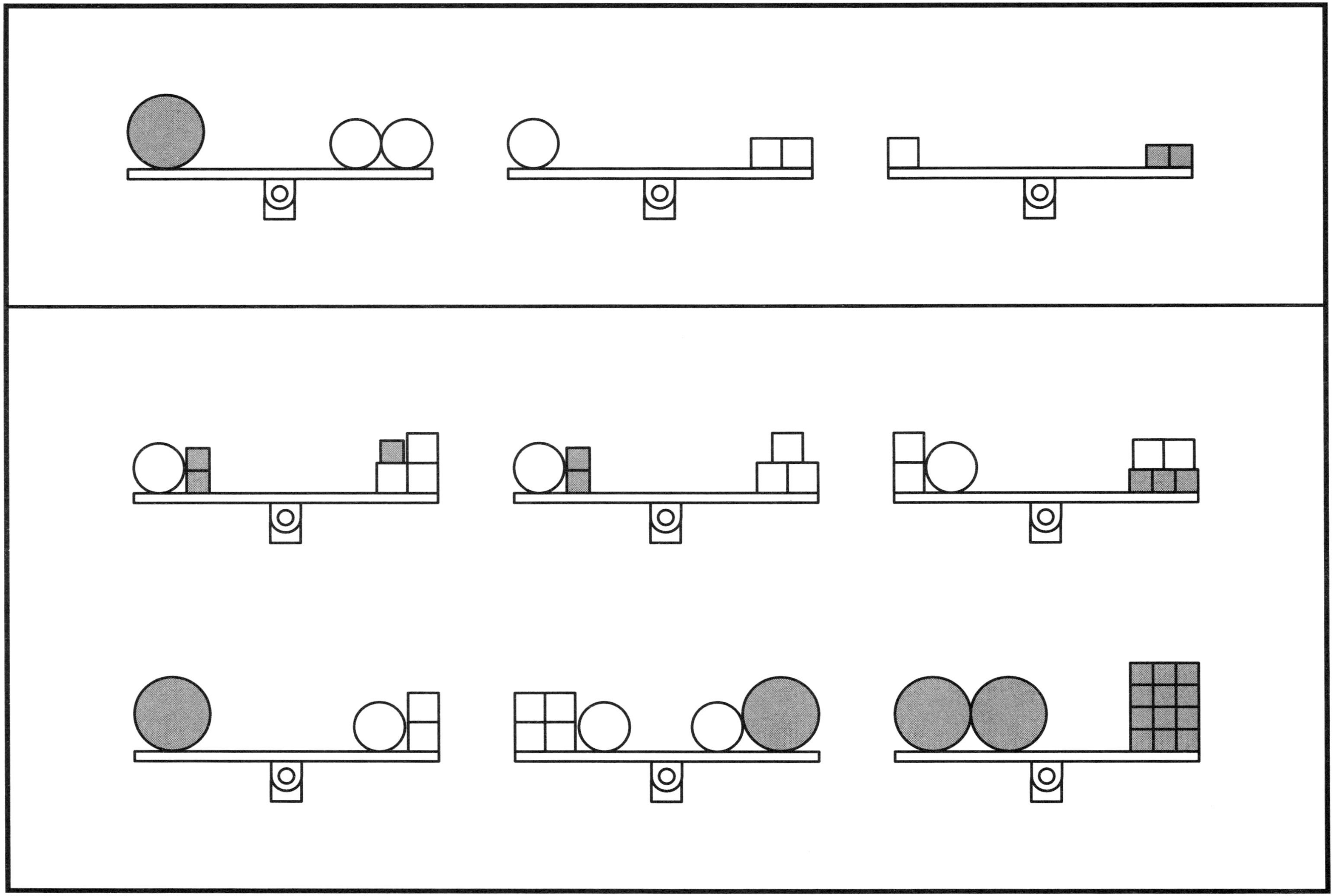

問題２８

①

②

③

　

2021 聖心女子学院　過去　無断複製／転載を禁ずる　　日本学習図書株式会社

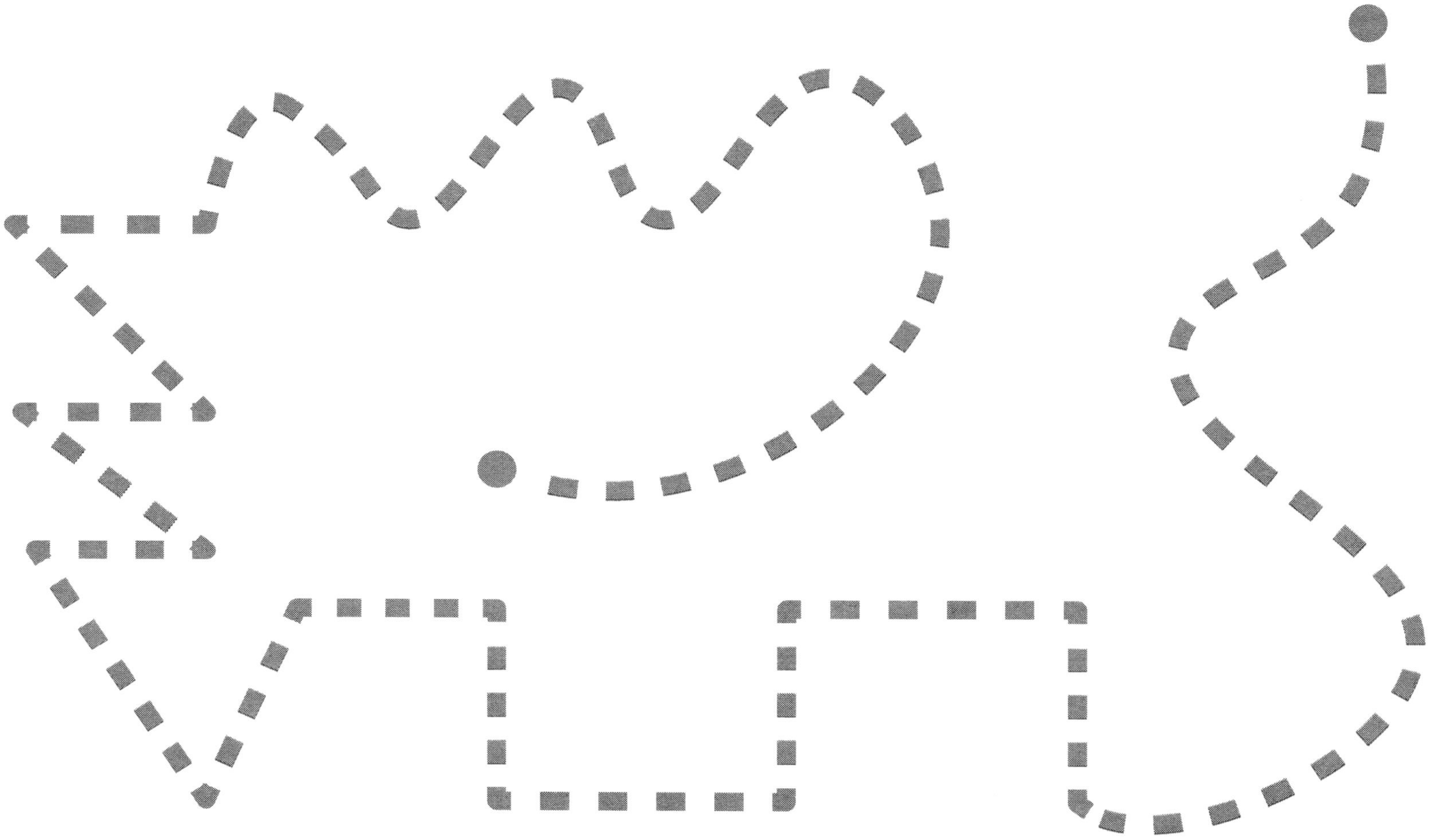

問題３１

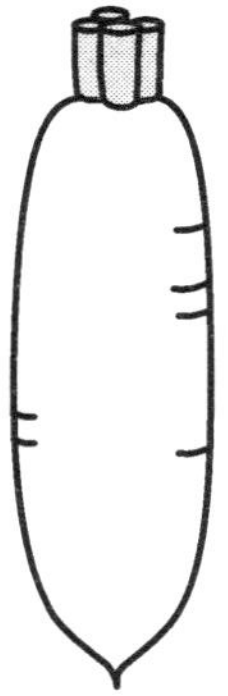

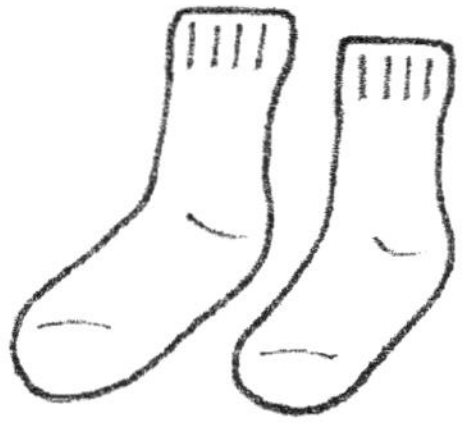

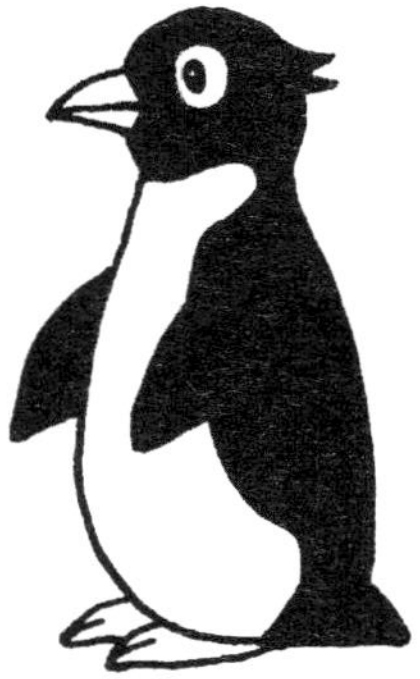

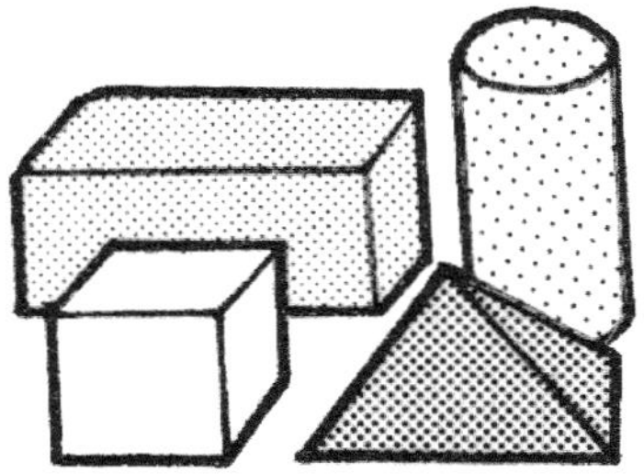

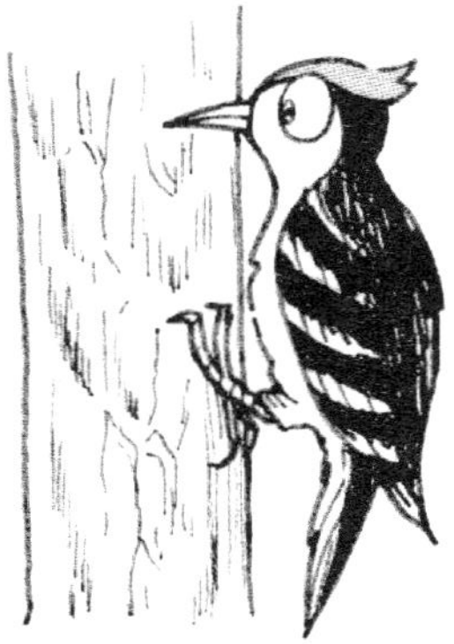

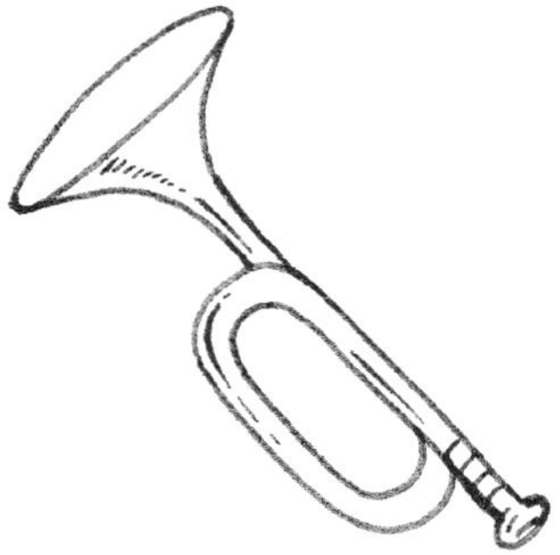

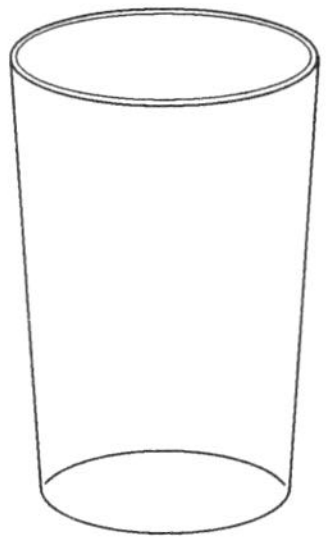

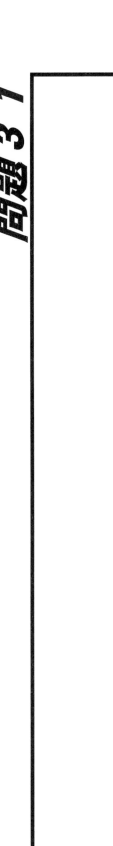

問題33－1

①

②

③

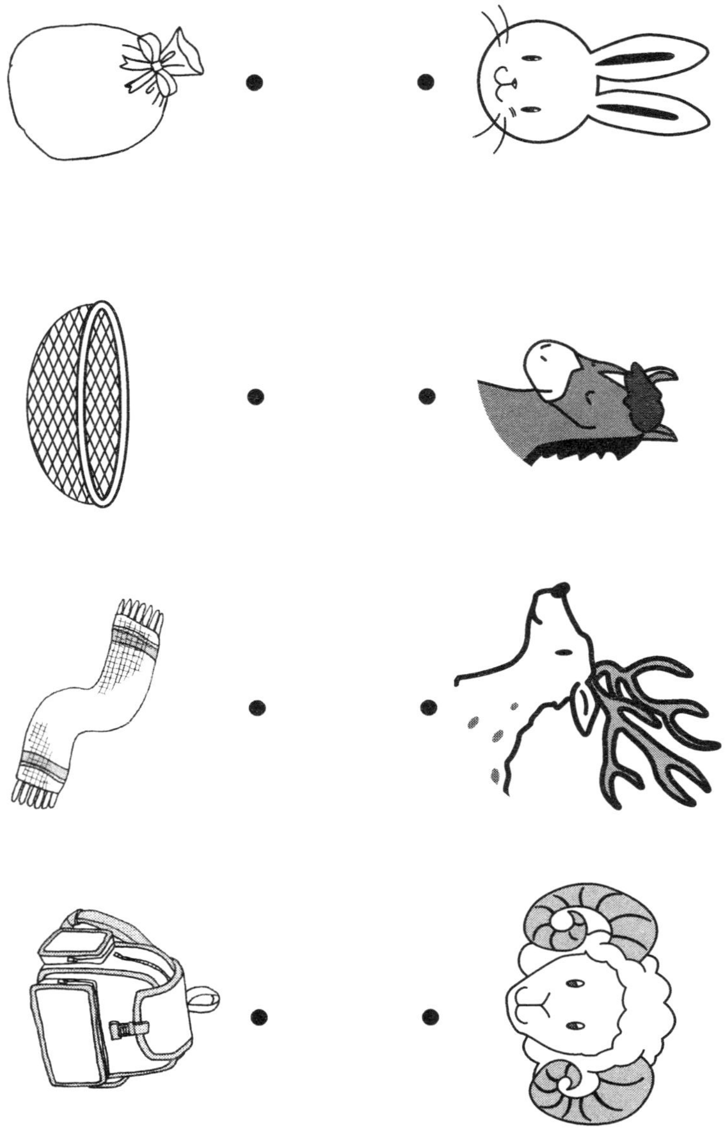

問題３３－２

④

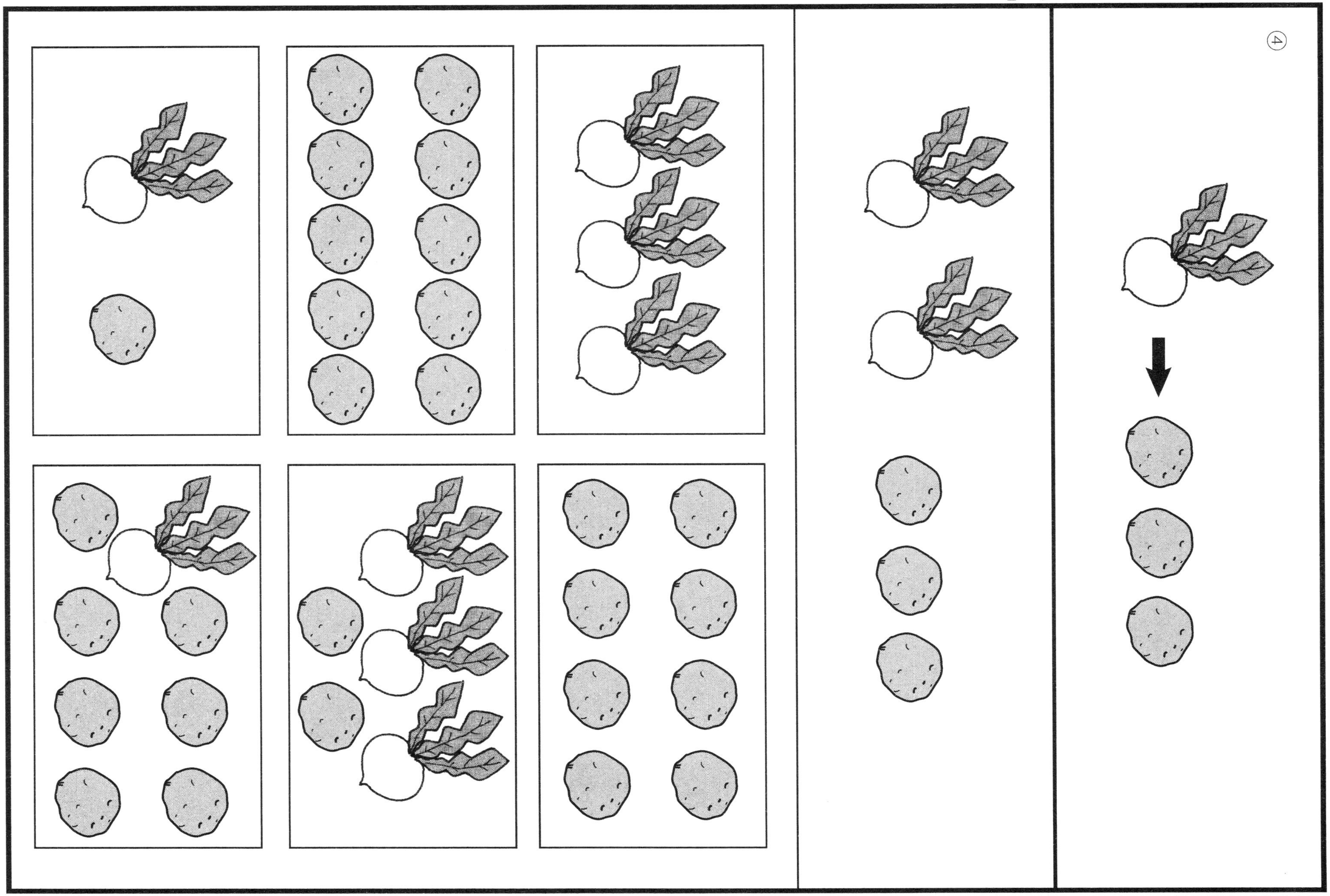

2021 聖心女子学院　過去　無断複製／転載を禁ずる　日本学習図書株式会社

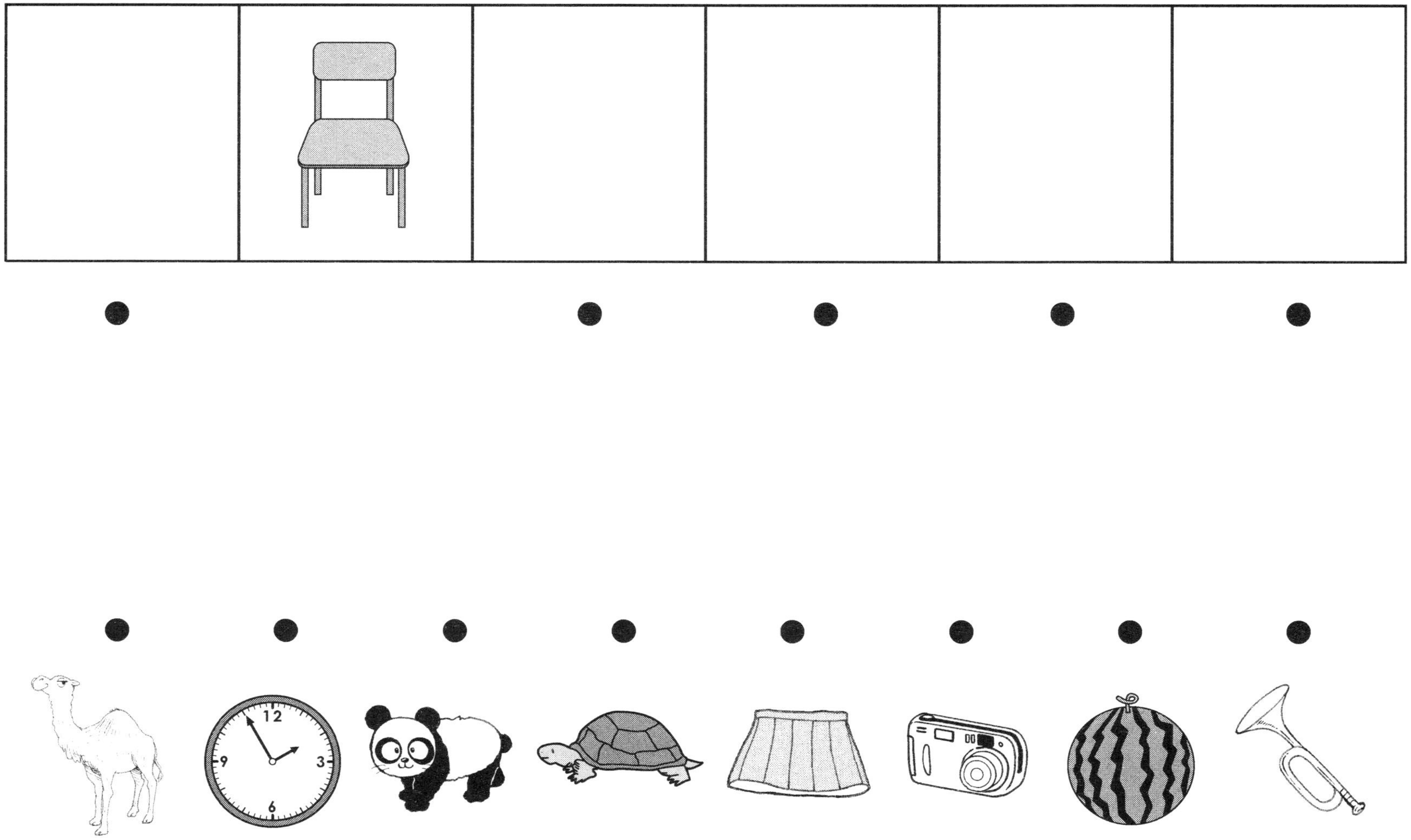

問題３５

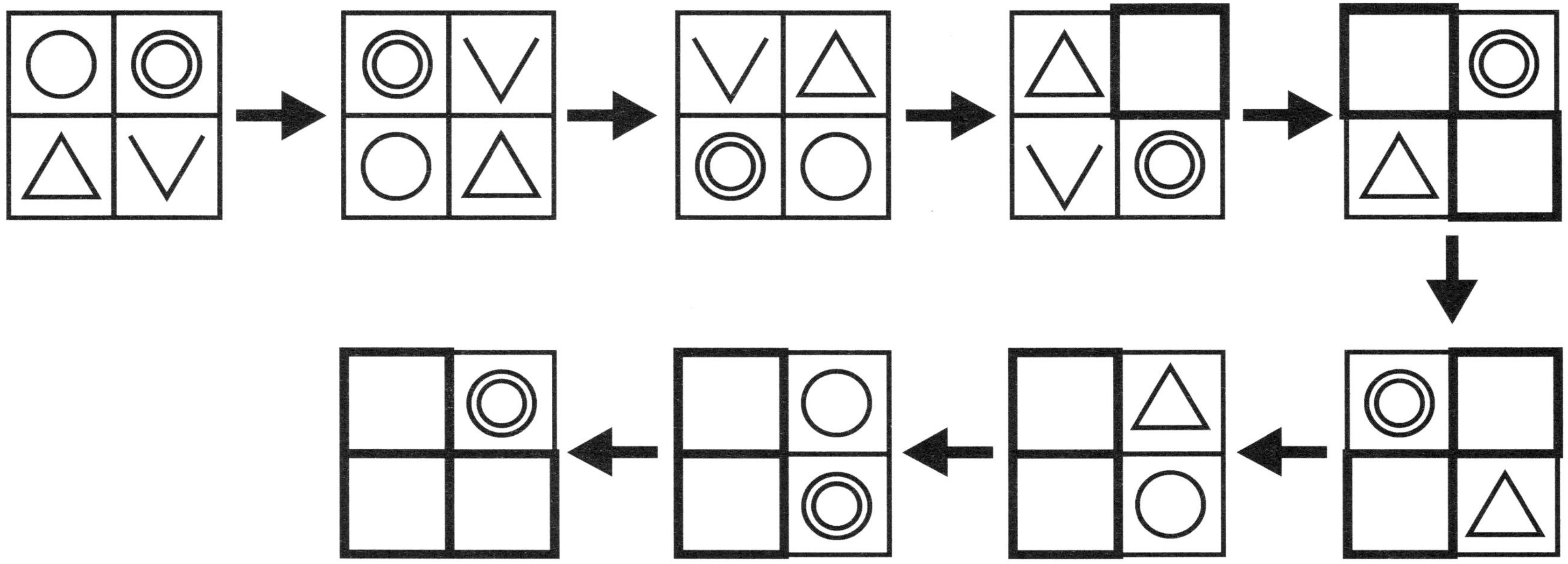

問題３６－１

問題36－2

問題３７

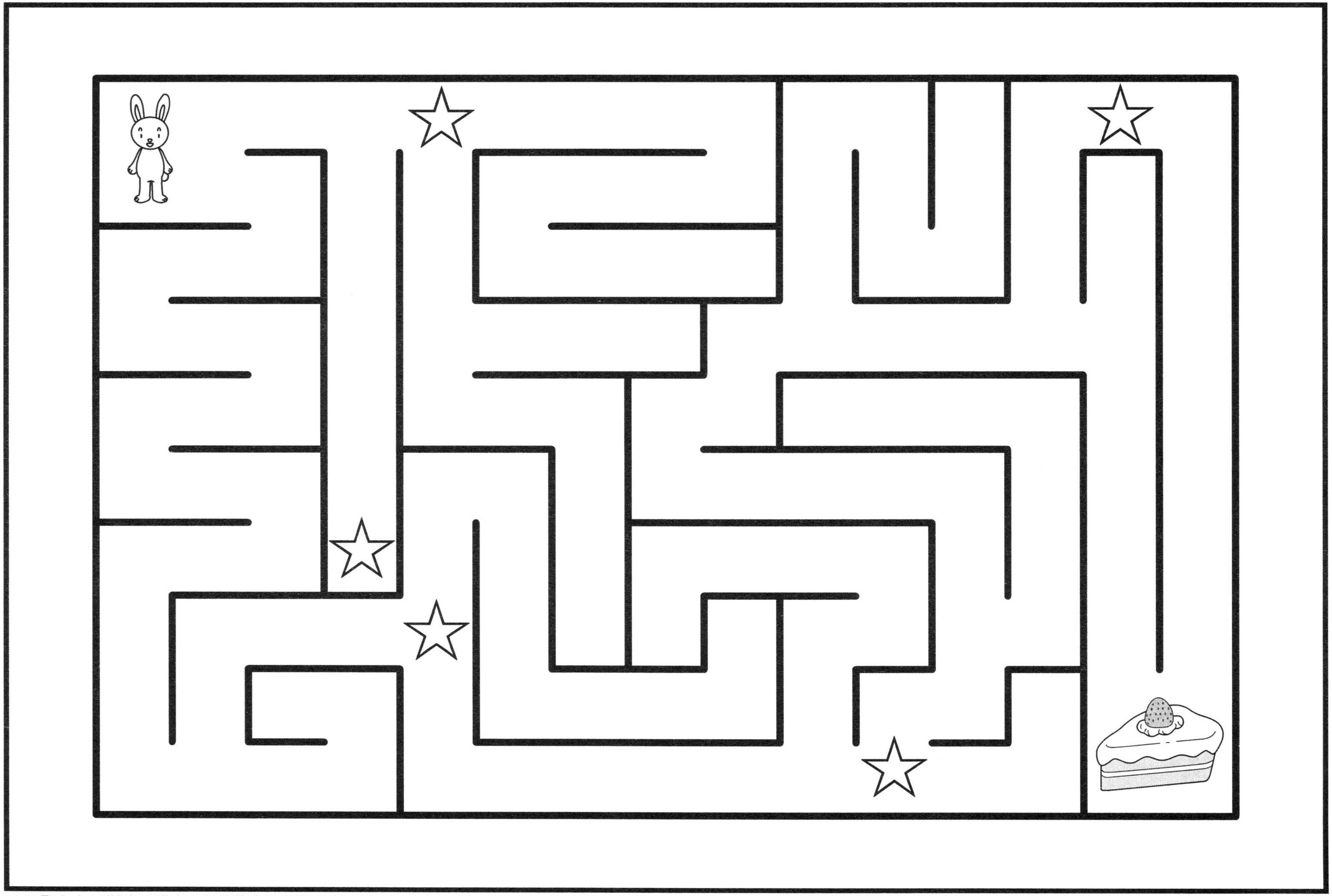

問題38

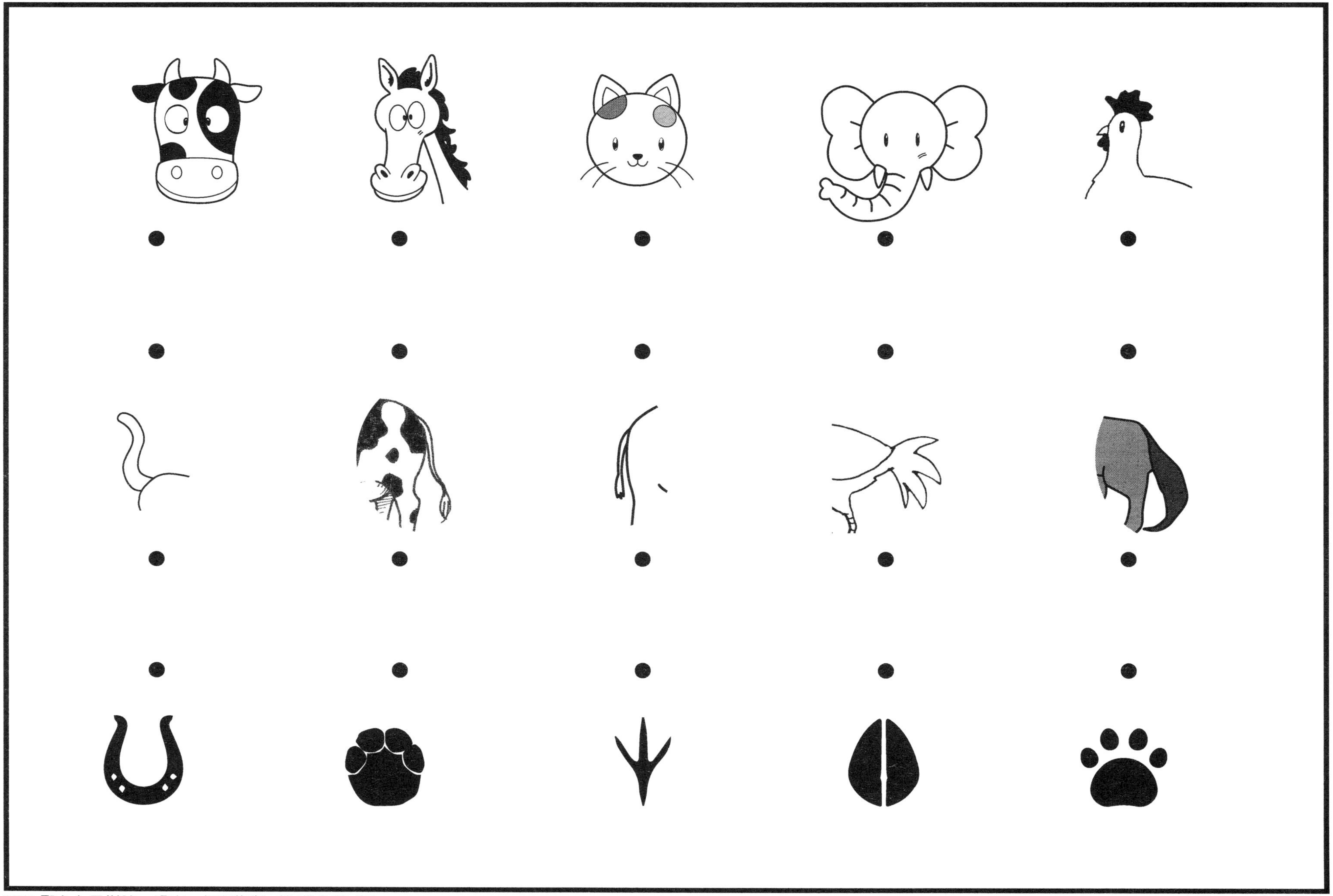

問題３９

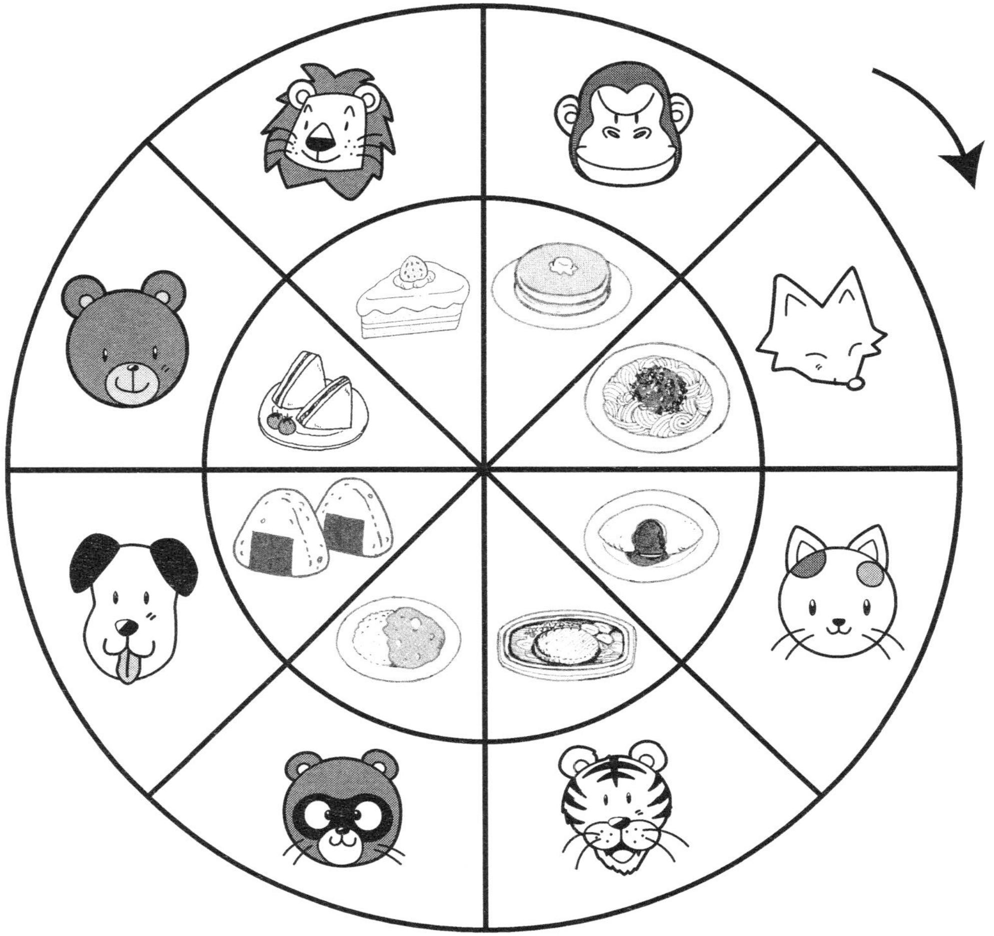

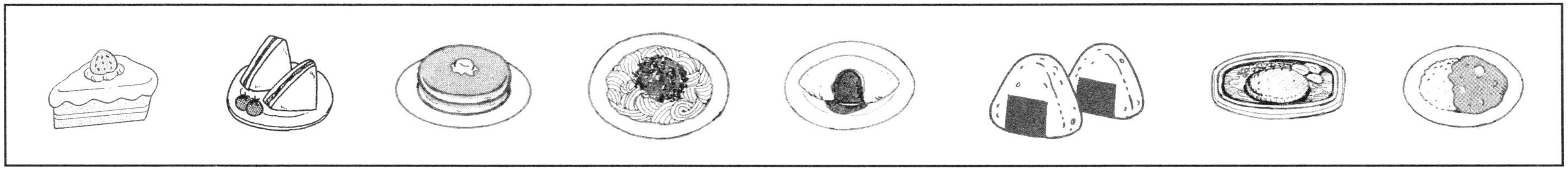

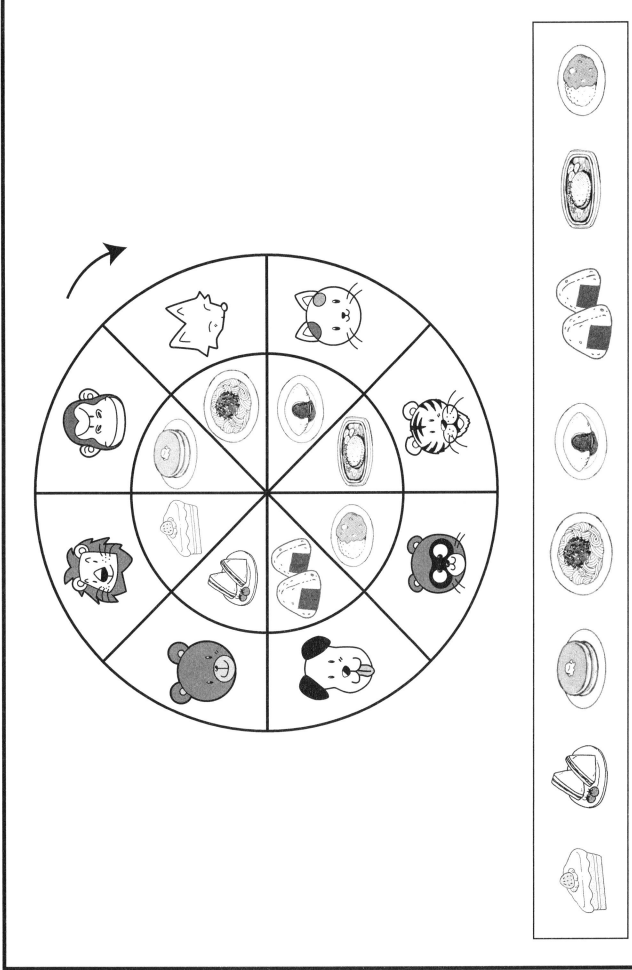

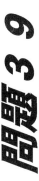

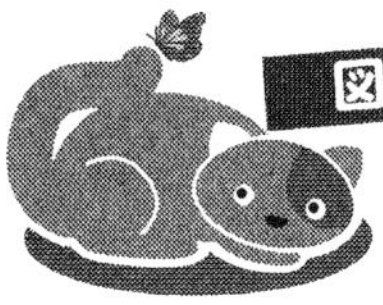

図書カード 1000 円分プレゼント

ご記入日 令和　　年　　月　　日

☆国・私立小学校受験アンケート☆

※可能な範囲でご記入下さい。選択肢は○で囲んで下さい。

〈小学校名〉＿＿＿＿＿＿＿＿＿＿＿＿　〈お子さまの性別〉男・女　〈誕生月〉＿＿月

〈その他の受験校〉（複数回答可）＿＿＿＿＿＿＿＿＿＿＿＿＿＿＿＿＿＿＿＿

〈受験日〉①：＿＿月＿＿日　〈時間〉＿＿時＿＿分　～　＿＿時＿＿分

②：＿＿月＿＿日　〈時間〉＿＿時＿＿分　～　＿＿時＿＿分

〈受験者数〉男女計＿＿名（男子＿＿名　女子＿＿名）

〈お子さまの服装〉＿＿＿＿＿＿＿＿＿＿＿＿＿＿＿＿

〈入試全体の流れ〉（記入例）準備体操→行動観察→ペーパーテスト

＿＿＿＿＿＿＿＿＿＿＿＿＿＿＿＿＿＿＿＿＿＿＿＿＿＿＿＿

Eメールによる情報提供

日本学習図書では、Eメールでも入試情報を募集しております。
下記のアドレスに、アンケートの内容をご入力の上、メールをお送り下さい。

ojuken@nichigaku.jp

●行動観察　（例）好きなおもちゃで遊ぶ・グループで協力するゲームなど

〈実施日〉＿＿月＿＿日　〈時間〉＿＿時＿＿分　～　＿＿時＿＿分　〈着替え〉□有　□無

〈出題方法〉□肉声　□録音　□その他（　　　　　　）　〈お手本〉□有　□無

〈試験形態〉□個別　□集団（　　　人程度）　〈会場図〉

〈内容〉

□自由遊び

＿＿＿＿＿＿＿＿＿＿＿＿＿＿＿＿＿＿＿＿

□グループ活動

＿＿＿＿＿＿＿＿＿＿＿＿＿＿＿＿＿＿＿＿

□その他

＿＿＿＿＿＿＿＿＿＿＿＿＿＿＿＿＿＿＿＿

●運動テスト（有・無）　（例）跳び箱・チームでの競争など

〈実施日〉＿＿月＿＿日　〈時間〉＿＿時＿＿分　～　＿＿時＿＿分　〈着替え〉□有　□無

〈出題方法〉□肉声　□録音　□その他（　　　　　　）　〈お手本〉□有　□無

〈試験形態〉□個別　□集団（　　　人程度）　〈会場図〉

〈内容〉

□サーキット運動

□走り　□跳び箱　□平均台　□ゴム跳び

□マット運動　□ボール運動　□なわ跳び

□クマ歩き

□グループ活動＿＿＿＿＿＿＿＿＿＿＿＿＿＿＿＿

□その他＿＿＿＿＿＿＿＿＿＿＿＿＿＿＿＿＿＿

●知能テスト・口頭試問

〈実施日〉 ＿＿月＿＿日 **〈時間〉** ＿＿時＿＿分 ～ ＿＿時＿＿分 **〈お手本〉**□有 □無

〈出題方法〉 □肉声 □録音 □その他（　　　　　） **〈問題数〉** ＿＿枚 ＿＿問

分野	方法	内　容	詳細・イラスト
(例) お話の記憶	☑筆記 □口頭	動物たちが待ち合わせをする話	(あらすじ) 動物たちが待ち合わせをした。最初にウサギさんが来た。次にイヌくんが、その次にネコさんが来た。最後にタヌキくんが来た。 (問題・イラスト) ３番目に来た動物は誰か 
お話の記憶	□筆記 □口頭		(あらすじ) (問題・イラスト)
図形	□筆記 □口頭		
言語	□筆記 □口頭		
常識	□筆記 □口頭		
数量	□筆記 □口頭		
推理	□筆記 □口頭		
その他	□筆記 □口頭		

●制作　（例）ぬり絵・お絵かき・工作遊びなど

〈実施日〉＿＿月＿＿日〈時間〉＿＿時＿＿分＿＿～＿＿時＿＿分

〈出題方法〉 □肉声 □録音 □その他（　　　　　　） 〈お手本〉□有 □無

〈試験形態〉 □個別 □集団（　　　　人程度）

材料・道具	制作内容
□ハサミ □のり（□つぼ □液体 □スティック） □セロハンテープ □鉛筆 □クレヨン（　色） □クーピーペン（　色） □サインペン（　色）□ □画用紙（□ A4 □ B4 □ A3 □その他：　　　　　） □折り紙 □新聞紙 □粘土 □その他（　　　　　　）	□切る　□貼る　□塗る　□ちぎる　□結ぶ　□描く　□その他（　　　　　　） タイトル：＿＿＿＿＿＿＿＿＿＿

●面接

〈実施日〉＿＿月＿＿日〈時間〉＿＿時＿＿分＿＿～＿＿時＿＿分〈面接担当者〉＿＿名

〈試験形態〉□志願者のみ（　　）名 □保護者のみ □親子同時 □親子別々

〈質問内容〉

□志望動機　□お子さまの様子

□家庭の教育方針

□志望校についての知識・理解

□その他（　　　　　　　　　　）

（ 詳 細 ）

・

・

・

・

※試験会場の様子をご記入下さい。

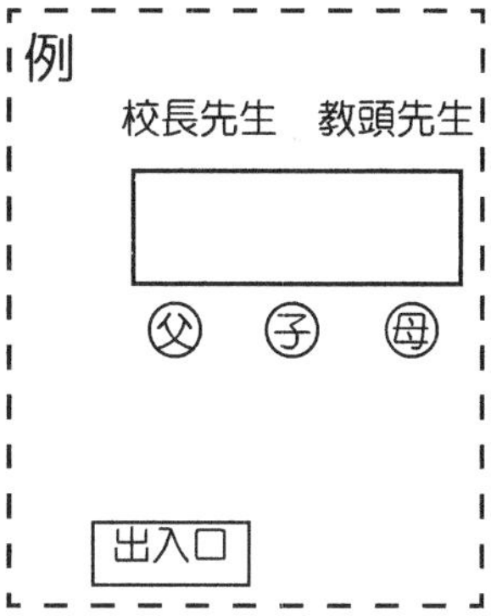

●保護者作文・アンケートの提出（有・無）

〈提出日〉 □面接直前　□出願時　□志願者考査中　□その他（　　　　　　　　）

〈下書き〉 □有　□無

〈アンケート内容〉

（記入例）当校を志望した理由はなんですか（150 字）

●説明会（□有　□無）〈開催日〉＿＿月＿＿日〈時間〉＿＿時＿＿分　～　＿＿時＿＿分

〈上履き〉　□要　□不要　〈願書配布〉　□有　□無　〈校舎見学〉　□有　□無

〈ご感想〉

●参加された学校行事（複数回答可）

公開授業〈開催日〉＿＿月＿＿日〈時間〉＿＿時＿＿分　～　＿＿時＿＿分

運動会など〈開催日〉＿＿月＿＿日〈時間〉＿＿時＿＿分　～　＿＿時＿＿分

学習発表会・音楽会など〈開催日〉＿＿月＿＿日〈時間〉＿＿時＿＿分　～　＿＿時＿＿分

〈ご感想〉

※是非参加したほうがよいと感じた行事について

●受験を終えてのご感想、今後受験される方へのアドバイス

※対策学習（重点的に学習しておいた方がよい分野）、当日準備しておいたほうがよい物など

＊＊＊＊＊＊＊＊＊＊＊＊　ご記入ありがとうございました　＊＊＊＊＊＊＊＊＊＊＊＊

必要事項をご記入の上、ポストにご投函ください。

なお、本アンケートの送付期限は入試終了後３ヶ月とさせていただきます。また、入試に関する情報の記入量が当社の基準に満たない場合、謝礼の送付ができないことがございます。あらかじめご了承ください。

ご住所：〒＿＿＿＿＿＿＿＿＿＿＿＿＿＿＿＿＿＿＿＿

お名前：＿＿＿＿＿＿＿＿＿＿　メール：＿＿＿＿＿＿＿＿＿＿

ＴＥＬ：＿＿＿＿＿＿＿＿＿＿　ＦＡＸ：＿＿＿＿＿＿＿＿＿＿

アンケートのご記入
ありがとうございました

ご記入頂いた個人に関する情報は、当社にて厳重に管理致します。弊社の個人情報取り扱いに関する詳細は、www.nichigaku.jp/policy.php の「個人情報の取り扱い」をご覧下さい。

分野別 小学入試練習帳 ジュニアウォッチャー

1．点・線図形	小学校入試で出題頻度の高い『点・線図形』の模写を、難易度の低いものから段階別に幅広く練習することができるように構成。
2．座標	図形の位置模写という作業を、難易度の低いものから段階別に練習できるように構成。
3．パズル	様々なパズルの問題を難易度の低いものから段階別に練習できるように構成。
4．同図形探し	小学校入試で出題頻度の高い、同図形選びの問題を繰り返し練習できるように構成。
5．回転・展開	図形などを回転、または展開したとき、形がどのように変化するかを学習し、理解を深められるように構成。
6．系列	数、図形などの様々な系列問題を、難易度の低いものから段階別に練習できるように構成。
7．迷路	迷路の問題を繰り返し練習できるように構成。
8．対称	対称に関する問題を４つのテーマに分類し、各テーマごとに問題を段階別に練習できるように構成。
9．合成	図形の合成に関する問題を、難易度の低いものから段階別に練習できるように構成。
10．四方からの観察	もの（立体）を様々な角度から見て、どのように見えるかを推理する問題を段階別に整理し、１つの形式で複数の問題を練習できるように構成。
11．いろいろな仲間	ものや動物、植物の共通点を見つけ、分類していく問題を中心に構成。
12．日常生活	日常生活における様々な問題を６つのテーマに分類し、各テーマごとに一つの問題形式で複数の問題を練習できるように構成。
13．時間の流れ	『時間』に着目し、様々なものごとは、時間が経過するとどのように変化するのかということを学習し、理解できるように構成。
14．数える	様々なものを『数える』ことから、数の多少の判定やかけ算、わり算の基礎までを練習できるように構成。
15．比較	比較に関する問題を５つのテーマ（数、高さ、長さ、量、重さ）に分類し、各テーマごとに問題を段階別に練習できるように構成。
16．積み木	数える対象を積み木に限定した問題集。
17．言葉の音遊び	言葉の音に関する問題を５つのテーマに分類し、各テーマごとに問題を段階別に練習できるように構成。
18．いろいろな言葉	表現力をより豊かにするいろいろな言葉として、擬態語や擬声語、同音異義語、反意語、数詞を取り上げた問題集。
19．お話の記憶	お話を聴いてその内容を記憶、理解し、設問に答える形式の問題集。
20．見る記憶・聴く記憶	「見て憶える」「聴いて憶える」という『記憶』分野に特化した問題集。
21．お話作り	いくつかの絵を元にしてお話を作る練習をして、想像力を養うことができるように構成。
22．想像画	描かれてある形や景色に好きな絵を描くことにより、想像力を養うことができるように構成。
23．切る・貼る・塗る	小学校入試で出題頻度の高い、はさみやのりなどを用いた巧緻性の問題を繰り返し練習できるように構成。
24・絵画	小学校入試で出題頻度の高い、お絵かきやぬり絵などクレヨンやクーピーペンを用いた巧緻性の問題を繰り返し練習できるように構成。
25．生活巧緻性	小学校入試で出題頻度の高い日常生活の様々な場面における巧緻性の問題集。
26．文字・数字	ひらがなの清音、濁音、拗音、拗長音、促音と１～20までの数字に焦点を絞り、練習できるように構成。
27．理科	小学校入試で出題頻度が高くなりつつある理科の問題を集めた問題集。
28．運動	出題頻度の高い運動問題を種目別に分けて構成。
29．行動観察	項目ごとに問題提起をし、「このような時はどうか、あるいはどう対処するのか」の観点から問いかける形式の問題集。
30．生活習慣	学校から家庭に提起された問題と思って、一問一問絵を見ながら話し合い、考える形式の問題集。
31．推理思考	数、量、言語、常識（含理科、一般）など、諸々のジャンルから問題を構成し、近年の小学校入試問題傾向に沿って構成。
32．ブラックボックス	箱や筒の中を通ると、どのようなお約束でどのように変化するかを推理・思考する問題集。
33．シーソー	重さの違うものをシーソーに乗せた時どちらに傾くのか、またどうすればシーソーは釣り合うのかを思考する基礎的な問題集。
34．季節	様々な行事や植物などを季節別に分類できるように知識をつける問題集。
35．重ね図形	小学校入試で頻繁に出題されている「図形を重ね合わせてできる形」についての問題を集めました。
36．同数発見	様々な物を数え「同じ数」を発見し、数の多少の判断や数の認識の基礎を学べるように構成した問題集。
37．選んで数える	数の学習の基本となる、いろいろなものの数を正しく数える学習を行う問題集。
38．たし算・ひき算１	数字を使わず、たし算とひき算の基礎を身につけるための問題集。
39．たし算・ひき算２	数字を使わず、たし算とひき算の基礎を身につけるための問題集。
40．数を分ける	数を等しく分ける問題です。等しく分けたときに余りが出るものもあります。
41．数の構成	ある数がどのような数で構成されているか学んでいきます。
42．一対多の対応	一対一の対応から、一対多の対応まで、かけ算の考え方の基礎学習を行います。
43．数のやりとり	あげたり、もらったり、数の変化をしっかりと学びます。
44．見えない数	指定された条件から数を導き出します。
45．図形分割	図形の分割に関する問題集。パズルや合成の分野にも通じる様々な問題を集めました。
46．回転図形	「回転図形」に関する問題集。やさしい問題から始め、いくつかの代表的なパターンから、段階を踏んで学習できるよう編集されています。
47．座標の移動	「マス目の指示通りに移動する問題」と「指示された数だけ移動する問題」を収録。
48．鏡図形	鏡で左右反転させた時の見え方を考えます。平面図形から立体図形、文字、絵まで。
49．しりとり	すべての学習の基礎となる「言葉」を学ぶこと、特に「語彙」を増やすことに重点をおき、さまざまなタイプの「しりとり」問題を集めました。
50．観覧車	観覧車やメリーゴーラウンドなどを舞台にした「回転系列」の問題集。「推理思考」分野の問題ですが、要素として「図形」や「数量」も含みます。
51．運筆①	鉛筆の持ち方を学び、点線なぞり、お手本を見ながらの模写で、線を引く練習をします。
52．運筆②	運筆①からさらに発展し、「欠所補完」や「迷路」などを楽しみながら、より複雑な鉛筆運びを習得することを目指します。
53．四方からの観察 積み木編	積み木を使用した「四方からの観察」に関する問題を練習できるように構成。
54．図形の構成	見本の図形がどのような部分によって形づくられているかを考えます。
55．理科②	理科的知識に関する問題を集中して練習する「常識」分野の問題集。
56．マナーとルール	道路や駅、公共の場でのマナー、安全や衛生に関する常識を学べるように構成。
57．置き換え	さまざまな具体的・抽象的事象を記号で表す「置き換え」の問題を扱います。
58．比較②	長さ・高さ・体積・数などを数学的な知識を使わず、論理的に推測する「比較」の問題を練習できるように構成。
59．欠所補完	線と線のつながり、欠けた絵に当てはまるものなどを求める「欠所補完」に取り組める問題集です。
60．言葉の音（おん）	しりとり、決まった順番の音をつなげるなど、「言葉の音」に関する問題に取り組める練習問題集です。

保護者のてびき第２弾は２冊!!

リアルQ&Aで教える
そんな時はコウ

共感必至の
小学校受験あるある
100＋α!!

日本学習図書 代表取締役社長
後藤 耕一朗：著

「ズバリ解決!! お助けハンドブック」～学習編・生活編～

各 1,800 円＋税

保護者のてびき② 学習編

保護者のてびき③ 生活編

保護者のてびき①　1,800 円＋税

『子どもの「できない」は親のせい？』

第１弾も大好評！

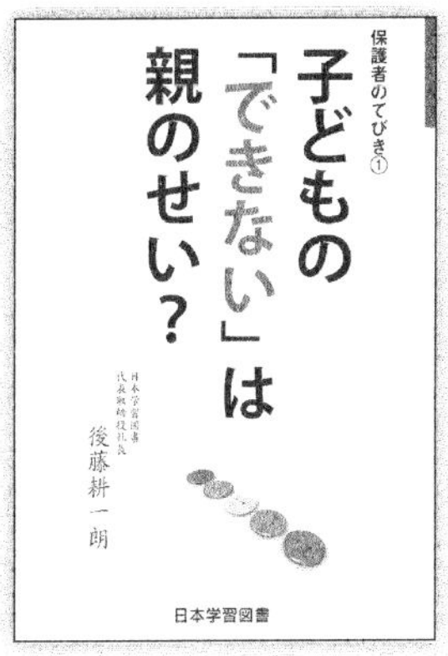

笑いあり！厳しさあり！
じゃあ、親はいったいどうすればいいの？かがわかる、目からウロコのコラム集。
子どもとの向き合い方が変わります！

タ　イ　ト　ル	本体価格	注文数	合　計
保護者のてびき①　子どもの「できない」は親のせい？	1,800 円（税抜）	冊	冊
保護者のてびき②　ズバリ解決!! お助けハンドブック～学習編～	1,800 円（税抜）	冊	（税込み）
保護者のてびき③　ズバリ解決!! お助けハンドブック～生活編～	1,800 円（税抜）	冊	円

10,000円以上のご購入なら、運賃・手数料は弊社が負担！ぜひ、気になる商品と合わせてご注文ください!!

（フリガナ）
氏名

電　話	住　所　〒　　　ー	希望指定日時等
ＦＡＸ		月　　日
E-mail		時　～　時
以前にご注文されたことはございますか。　有　・　無	※お受け取り時間のご指定は、「午前中」以降は約2時間おきになります。 ※ご住所によっては、ご希望にそえない場合がございます。	

★お近くの書店、または弊社の電話番号・FAX・ホームページにてご注文を受け付けております。弊社へのご注文の場合、お支払いは現金、またはクレジットカードによる「代金引換」となります。また、代金には消費税と送料がかかります。
★ご記入いただいた個人情報は、弊社にて厳重に管理いたします。なお、ご購入いただいた商品発送の他に、弊社発行の書籍案内、書籍に関する調査に使用させていただく場合がございますので、予めご了承ください。
※落丁・乱丁以外の理由による商品の返品・交換には応じかねます。

Mail：info@nichigaku.jp / TEL：03-5261-8951 / FAX：03-5261-8953
日本学習図書（ニチガク）

家庭学習をトータルサポート！ ニチガクのオリジナル 効果的 学習法

1 まずは アドバイスページを読む！

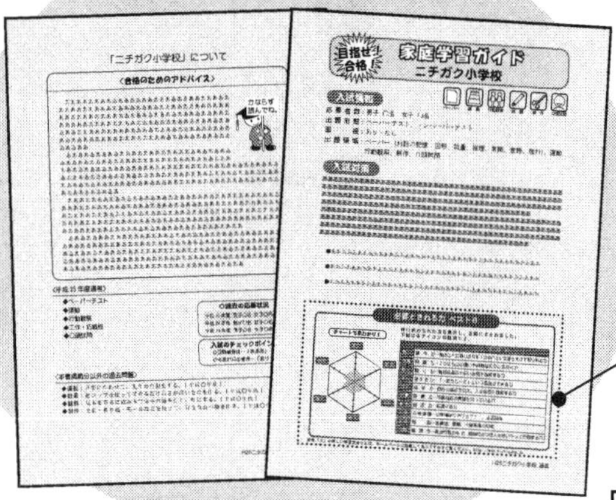

対策や試験ポイントがぎっしりつまった「家庭学習ガイド」。分析内容やレーダーチャート、分野アイコンで、試験の傾向をおさえよう！

2 問題をすべて読み、出題傾向を把握する

3 「学習のポイント」で学校側の観点や問題の解説を熟読

4 はじめて過去問題にチャレンジ！

5 プラスα 対策問題集や類題で力を付ける

過去問のこだわり

各問題に求められる「力」

分野だけでなく、各問題の求められる「力」をアイコンで表記！アドバイスページの分析レーダーチャートで力のバランスも把握できる！

各問題のジャンル

問題1 分野：数量（計数） 集中 観察

〈準備〉 クレヨン

〈問題〉 ①虫がたくさんいます。それぞれの虫は何匹いますか。下のそれぞれの絵の右側に、その数だけ緑色のクレヨンで○を書いてください。
②果物が並んでいます。それぞれの果物はいくつありますか。下のそれぞれの絵の右側に、その数だけ赤色のクレヨンで○を書いてください。

〈時間〉 1分

〈解答〉 ①アメンボ…5、カブトムシ…8、カマキリ…11、コオロギ…9
②ブドウ…6、イチゴ…10、バナナ…8、リンゴ…5

［平成25年度出題］

出題年度

学習のポイント

①は男子、②は女子で出題されました。1次試験のペーパーテストは、全体的にオーソドックスな内容で、特に難易度が高い問題ではありません。しかし、解答時間が短く、解き終わらない受験者も多かったようです。本問のような計数問題では、特に根気よく、数え落としがないように進めなければなりません。そのためにも、例えば、左上の虫から右に見ていく、もしくは縦に見ていく、というように、ルールを決めて数えていくこと、また、○や×、△などの印を虫ごとに付けていくことで、数え落としのミスを減らせます。時間は短いため焦りがつきものですが、落ち着いて取り組めるよう、少しずつ練習していきましょう。

【おすすめ問題集】
Ｊｒ・ウォッチャー14「数える」、37「選んで数える」

学習のポイント

各問題の解説や学校の観点、指導のポイントなどを教えます。
保護者が今日から家庭学習の先生に！

おすすめ対策問題集

分野ごとに対策問題集をご紹介。苦手分野の克服に最適です！
＊専用注文書付き。

2021年度版 聖心女子学院初等科 過去問題集

発行日 2020年7月20日
発行所 〒162-0821 東京都新宿区津久戸町 3-11-9F
日本学習図書株式会社
電 話 03-5261-8951 ㈹

ISBN978-4-7761-5282-8
C6037 ¥2000E
9784776152828
定価 本体2,000円＋税
1926037020004